Weltküche
Schweden

www.komet-verlag.de

Illustrationen: Diana Billaudelle und Jörg Preckel
Gesamtherstellung: KOMET Verlag GmbH, Köln
ISBN 978-3-89836-711-0

Weltküche
Schweden

KOMET

Inhalt

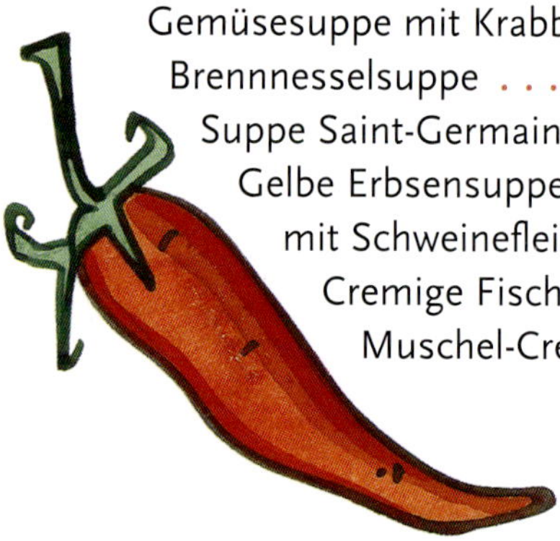

Wildgerichte

Fisch und Meeresfrüchte

Backwaren und Kuchen

Desserts

Vorwort

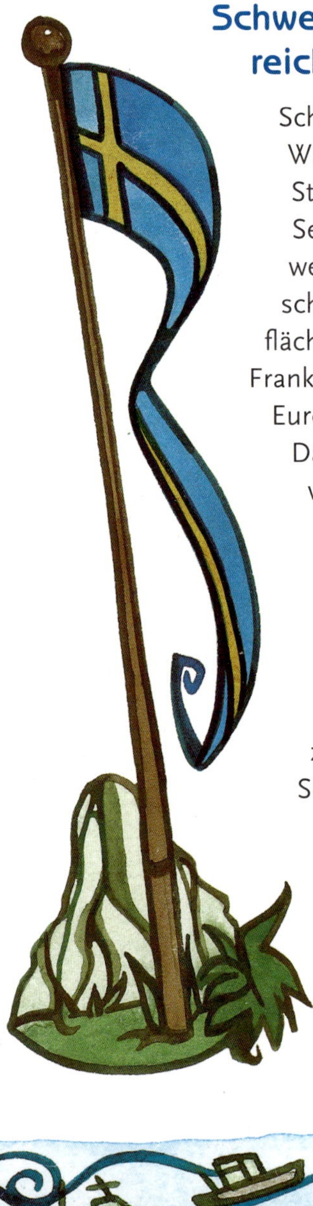

Schweden – karge Ernten und reich gedeckte Tische

Schweden mit seinen unendlichen Wäldern, wild schäumenden Strömen und unzähligen glasklaren Seen, üppigen Beerenfeldern und weiten Gebirgsebenen ist eines der schönsten Länder der Welt. Das Land ist flächenmäßig etwa so groß wie Spanien oder Frankreich und gehört zu den am dünnsten besiedelten Ländern Europas. Für die geringe Besiedlung gibt es eine einfache Erklärung: Das raue nordische Klima und die geografischen Gegebenheiten verhinderten in früheren Zeiten die ausreichende Nahrungsversorgung für eine expandierende Bevölkerung. So war Schweden noch vor gut einem Jahrhundert ein sehr armes Bauernland, das nicht alle seine Bewohner ernähren konnte. Um in dem kargen Klima zu überleben, mussten die Menschen hart arbeiten, erfinderisch sein und zusammenarbeiten. Erst vor kurzer Zeit gelang es mit Hilfe der Technik, die naturgegebenen Härten zu überwinden und innerhalb nur eines Jahrhunderts hat sich Schweden von einem armen Agrarland in einen modernen Wohlfahrts- und Industriestaat verwandelt.

Die einstigen Lebensbedingungen prägen die schwedische Gesellschaft jedoch bis heute: Gleichheit und Kollektivismus sind fest im Weltbild der Schweden verankert. Kein Mensch ist mehr wert als ein anderer, und es wird erwartet, dass jeder Verantwortung für andere übernimmt.

Elitäres Bewusstsein, Extravaganz und ausgefallene, von der Norm abweichende Lebensstile sind für viele Schweden noch immer undenkbar. Dennoch haben die Schweden trotz ihrer kontrollierten Lebensweise eine ausgeprägte Fähigkeit, Feste ausgelassen zu feiern und in vollen Zügen zu genießen.

Dabei dürfen schwedische Köstlichkeiten natürlich nicht fehlen. Dank unzähliger Seen und lang gestreckter Küsten verfügen die Schweden über eine gewachsende Speisefischtradition. Karpfen, Hecht, Lachs, Forelle und Saibling spielen bei den Süßwasserfischen eine große Rolle. An erster Stelle der Meeresfische ist der Hering zu nennen.

Ist von der Brotherstellung in Verbindung mit Schweden die Rede, so fällt aller Welt natürlich das Knäckebrot ein. Es zeichnet sich durch enorm lange Haltbarkeit aus und gewinnt proportional zur Lagerzeit an Geschmack.

Welche Wertschätzung die Schweden ihren Beerenfrüchten entgegenbringen zeigt die vielseitige Verwendung von Erdbeeren, Multbeeren und Preiselbeeren. Ganz und gar unvollständig wäre eine Aufzählung der in Schweden gebräuchlichen Lebensmittel ohne die Erwähnung des Dillkrauts, das universell zur Anwendung kommt.

Wir wünschen Ihnen viel Spaß bei der Entdeckung neuer, spannender Rezepte!

Vorspeisen und Snacks

Krebssalat · *Krabbsallad*

Für 4 Portionen
1 Kopfsalat
4 Schalotten
1 grüne Paprika
1/2 Staudensellerie
1 Knoblauchzehe
2 El Öl
1 El milder Senf
180 ml Mayonnaise
1 Spritzer Worcestersauce
Salz
Pfeffer
450 g küchenfertiges Krebsfleisch
2 El frisch gehackte Petersilie

Zubereitungszeit: ca. 35 Minuten
Pro Portion ca. 485 kcal/2037 kJ
23 g E · 41 g F · 6 g KH

Den Kopfsalat in feine Streifen schneiden. Die Schalotten schälen und fein hacken. Paprika und Staudensellerie putzen und in kleine Würfel schneiden. Den Knoblauch schälen und fein hacken.

Das Öl in einer Pfanne erhitzen. Schalotten, Paprika, Staudensellerie und Knoblauch anschmoren und bei geringer Temperatur etwa 10 Minuten dünsten.

Die Gemüsemischung nach dem Abkühlen mit Senf, Mayonnaise und Worcestersauce mischen und mit Salz und Pfeffer abschmecken.

Das Krebsfleisch mit dem Gemüse-Dressing mischen. Salatblätterstreifen auf Tellern anrichten und den Krebssalat darauf verteilen. Mit Petersilie bestreut servieren. Dazu schmeckt Roggenbrot.

Wildsalat mit Preiselbeeren
Viltsallad med lingon

Für 4 Portionen
150 g Preiselbeeren
100 ml Rotwein
Schale von
1/2 unbehandelten Orange
1 El Zucker
300 g Rehsteaks
Salz
Pfeffer
150 g Pfifferlinge
9 El Öl
2 Birnen
1/2 Kopf Lollo rosso
3 El Rotweinessig

Zubereitungszeit: ca. 30 Minuten
(plus Schmorzeit)
Pro Portion ca. 216 kcal/905 kJ
19 g E · 6 g F · 18 g KH

Preiselbeeren mit Rotwein, Orangenschale und Zucker in einen Topf geben und aufkochen lassen. Anschließend abkühlen lassen.

Rehsteaks mit Salz und Pfeffer einreiben. Pfifferlinge putzen und halbieren. 3 El Öl in einer Pfanne erhitzen und die Rehsteaks darin von beiden Seiten etwa 4 Minuten braten. Aus der Pfanne nehmen und in Alufolie wickeln.

1 El Öl in die Pfanne geben und die Pilze darin schmoren. Die Birnen schälen, vom Kerngehäuse befreien und in Scheiben schneiden. In 1 El Öl in der Pfanne braten.

Aus Essig, restlichem Öl, Preiselbeerkochsud, Salz und Pfeffer eine Salatsauce zubereiten. Lollo-rosso-Blätter auf vier Teller verteilen. Steaks in dünne Scheiben schneiden.

Steaks auf den Salatblättern anrichten, mit Pfifferlingen, Birnen und Preiselbeeren belegen und mit der Salatsauce beträufeln. Den Wildsalat zu Röstkartoffeln reichen.

Marinierter Lachs · *Gravad lax*

Für 4 Portionen

1 kg Lachs, küchenfertig entgrätet und filetiert, mit Haut

3 Bund Dill

4 El Salz

5 El Zucker

1 El Pfefferkörner

Senfkörner nach Belieben

Piment nach Belieben

Zubereitungszeit: ca. 20 Minuten (plus Zeit zum Marinieren)

Pro Portion ca. 278 kcal/1165 kJ

35 g E · 12 g F · 7 g KH

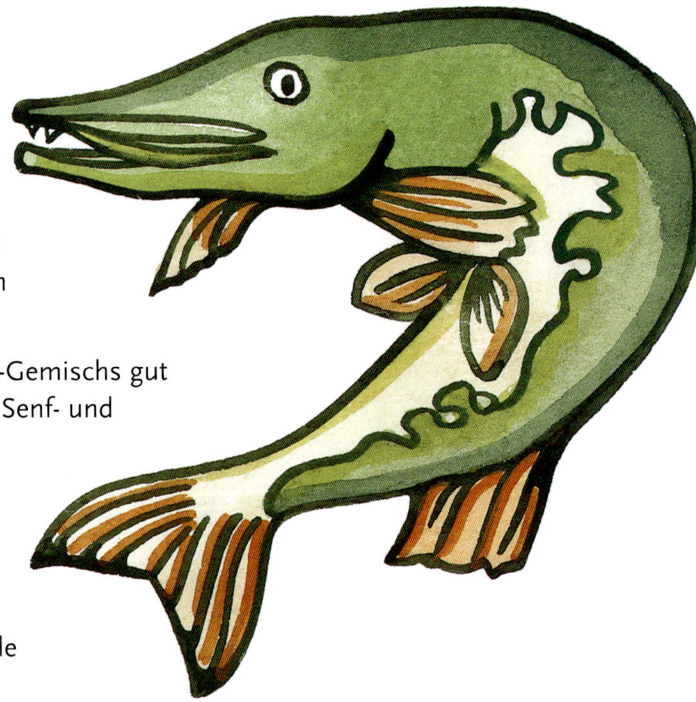

Dill fein hacken. In einer Schüssel Salz und Zucker vermischen. Die Hälfte des Dills auf einen großen flachen Teller verteilen. Ein Lachsfilet mit der Hautseite nach unten auf den Dill legen.

Lachs mit der Hälfte des Zucker-Salz-Gemischs gut einreiben. Etwas zerstoßene Pfeffer-, Senf- und Pimentkörner darüber geben.

Mit der anderen Lachshälfte ebenso verfahren. Dann beide Hälften wieder zusammenlegen (Hautseite nach außen). Mit Folie bedeckt etwa 3 Tage kalt stellen. Mehrere Male wenden.

Den marinierten Lachs von Haut und Gewürzkörnern befreien und in dünne Scheiben schneiden. Schmeckt als Snack mit Knäckebrot besonders gut.

Hering in Tomatensauce · *Sill i tomatsås*

Für 4 Portionen
2 Salzheringe, küchenfertig
4 El Weinessig
3 El Öl
6 El Tomatenmark
4 Tl Zucker
Pfeffer
4 Pimentkörner
1/2 Bund Schnittlauch

Zubereitungszeit: ca. 20 Minuten
(plus Zeit zum Wässern und Kühlen)
Pro Portion ca. 232 kcal/975 kJ
14 g E · 20 g F · 1 g KH

Die Heringe filetieren und mindestens 12 Stunden wässern. Dann die Filets in Stücke schneiden.

Die Fischstücke in eine Schüssel legen. Essig, Öl, Tomatenmark, Zucker und Pfeffer mit 5 El Wasser verrühren und über die Heringsstücke gießen. Über Nacht in den Kühlschrank stellen.

Den Schnittlauch in Röllchen schneiden. Über den Heringstopf streuen und mit Kartoffelsalat servieren.

Festliche Kartoffeln mit schwarzem Kaviar

Festlig potatis med svart kaviar

Für 4 Portionen
4 große Kartoffeln
Öl
Salz
1/4 Gurke
2 El Crème fraîche
50 g schwarzer Kaviar
1 unbehandelte Zitrone

Zubereitungszeit: ca. 30 Minuten (plus Garzeit)
Pro Portion ca. 221 kcal/926 kJ
8 g E · 5 g F · 33 g KH

Die Kartoffeln gründlich waschen und mit Schale in etwa 2 cm dicke Scheiben schneiden. Den Backofen auf 200 °C (Umluft 180 °C) vorheizen.

Ein Backblech einfetten oder mit Backpapier belegen und die Kartoffelscheiben darauf verteilen. Salzen und leicht einölen. Kartoffelscheiben im Ofen etwa 25 Minuten knusprig backen.

Gurke waschen, in Scheiben schneiden und Gurkenscheiben halbieren. Gebackene Kartoffeln auf einem großen Teller anrichten und auf jede Scheibe eine halbierte Gurkenscheibe, etwas Crème fraîche und 1 Tl Kaviar geben. Zitrone in Scheiben schneiden und die Kartoffeln damit garnieren.

Diese festlichen Kartoffeln können als kleiner Imbiss oder auch als Beilage zu Fischgerichten gereicht werden.

Fischpastete · *Krustad med fisk*

Für 8 Stück
8 Blätterteigpasteten (FP)
500–750 g Dorschfilet
250 ml Fischfond
1/8 l trockener Weißwein
100 g Champignons
40 g Butter
500 g Muscheln
1 El Mehl
100 g Krabbenfleisch

1 Eigelb
3 El süße Sahne
Salz
Pfeffer

Zubereitungszeit: ca. 30 Minuten (plus Koch- und Dünstzeit)
Pro Stück ca. 277 kcal/1165 kJ
22 g E · 15 g F · 10 g KH

Die Fischfilets säubern, mit Zitronensaft beträufeln und salzen. Den Fischfond in einem Topf aufkochen lassen, den Weißwein zufügen und die Fischfilets darin etwa 8 Minuten garen.

Die Champignons putzen, in Scheiben schneiden und in wenig Butter dünsten. Die Muscheln gut putzen, in Salzwasser kochen und aus den Schalen lösen.

Das Muschelfleisch in Butter erhitzen, mit Mehl bestäuben und mit Fischfond auffüllen. 10–12 Minuten leicht schmoren lassen.

Fisch aus dem Sud abtropfen lassen und grob zerteilen. Mit dem Krabbenfleisch mischen, mit Salz und Pfeffer abschmecken und mit Eigelb und Sahne verfeinern.

Die Blätterteigpasteten im Ofen nach Packungsanweisung aufbacken, mit der Masse füllen und servieren.

Fischterrine · *Fiskterrin*

Für 8 Portionen
500 g Hechtfilet
150 g Crème double
Salz
weißer Pfeffer aus der Mühle
1 Msp. frisch geriebene Muskatnuss
500 g frisches Lachsfilet
12 große Spinatblätter

Zubereitungszeit: ca. 20 Minuten (plus Gar- und Kühlzeit)
Pro Portion ca. 288 kcal/1208 kJ
27 g E · 19 g F · 2 g KH

Das Hechtfilet in der Küchenmaschine fein pürieren. Danach durch ein Sieb streichen. Die Crème double unterrühren und mit Salz, Pfeffer und Muskatnuss würzen. Die Masse kühl oder auf eine Schüssel mit Eiswürfeln stellen.

Das Lachsfilet in dicke Streifen schneiden und mit Salz und Pfeffer würzen. Kühl stellen.

Spinatblätter kurz blanchieren, in Eiswasser abschrecken und abkühlen lassen. Auf Klarsichtfolie ausbreiten. Die Lachsstreifen darauf legen und mit den Spinatblättern umhüllen.

Backofen auf 150 °C (Umluft 130 °C) vorheizen. Die Fettpfanne etwa 5 cm mit Wasser füllen.

Die Hälfte der Hechtmasse in eine gefettete Terrinenform (0,5 l) füllen, den Lachs in Spinat darauf legen und die restliche Hechtfarce darüber geben. Form mit Alufolie abdecken und im Wasserbad etwa 1 Stunde 30 Minuten garen.

Die Terrine gut gekühlt servieren.

Lachscreme · *Laxkräm*

Für 4 Portionen
500 g Lachsfilet
2 1/2 El Zitronensaft
1 Tl Salz
1 Msp. edelsüßes Paprikapulver
75 ml Sahne
3 El Mayonnaise
3 El frisch gehackter Dill
Dillzweige und Schnittlauch zum Garnieren

Zubereitungszeit: ca. 15 Minuten (plus Gar- und Kühlzeit)
Pro Portion ca. 278 kcal/1165 kJ
24 g E · 20 g F · 2 g KH

Lachs in wenig Wasser garen und abkühlen lassen. Dann mit einer Gabel zerpflücken und mit Zitronensaft, Salz und Paprika mischen.

Die Sahne steif schlagen. Lachs mit Mayonnaise, Sahne und Dill verrühren und im Kühlschrank mindestens 1 Stunde ziehen lassen.

Die Lachscreme mit Dillzweigen und Schnittlauch garniert auf Tellern verteilen. Dazu gekochte Eier, grünen Spargel oder andere Beilagen nach Wahl reichen.

Gefülltes Brot · *Bröd med fyllning*

Für 4 Portionen
1 Weiß- oder Roggenbrot
1 Zwiebel
100 g geräucherte Wurst
100 g Käse
2 Tomaten
5 El Butter
frisch gehackte Petersilie

Zubereitungszeit: ca. 35 Minuten
Pro Portion ca. 249 kcal/1046 kJ
12 g E · 20 g F · 6 g KH

Den Backofen auf 240 °C (Umluft 220 °C) vorheizen. In das Brot von oben mehrmals kleine Taschen schneiden.

Alufolie auf einer Arbeitsfläche auslegen. Das Brot darauf setzen. Zwiebel schälen und hacken.

Wurst, Käse und Tomaten klein schneiden und mit der Zwiebel mischen. Butter und Petersilie unterheben. Diese Mischung in die Brottaschen verteilen. Brotlaib mit der Alufolie umschließen und im Ofen bei 240 °C etwa 15 Minuten backen. Dazu schmeckt Gurkensalat.

Glasmeister-Hering · *Glasmästarsill*

Für 4 Portionen
4 frische Matjes
500 ml Essig
150 g Zucker
250 g rote Zwiebeln
100 g Möhren
25 g Meerrettich
15 g frische Ingwerwurzel
1 1/2 Tl Pimentkörner
2 Tl Senfkörner
3 Lorbeerblätter

Zubereitungszeit:
ca. 50 Minuten
(plus Zeit zum Wässern und Marinieren)

Pro Portion
ca. 448 kcal/1879 kJ
22 g E · 26 g F · 31 g KH

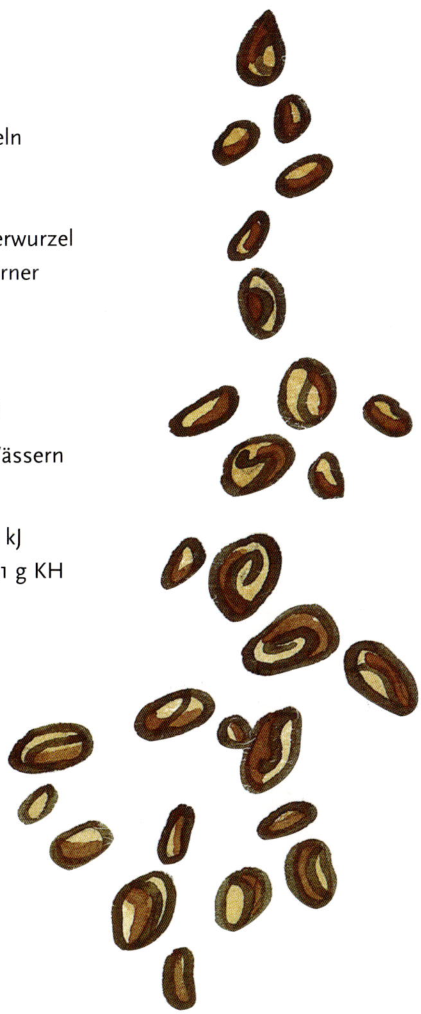

Die Heringe filetieren, Mittelgräte stehen lassen und über Nacht wässern. Danach abspülen und in etwa 2 cm dicke Stücke schneiden.

Essig und Zucker in einem Topf aufkochen und unter Rühren den Zucker schmelzen lassen. Den Sud abkühlen lassen.

Zwiebeln schälen, Möhre putzen. Beides in dünne Scheiben schneiden. Meerrettich und Ingwer schälen und fein reiben.

Die Zutaten abwechselnd in ein Gefäß schichten. Die Gewürzkörner und Lorbeerblätter mit hineinschichten. Zuletzt den abgekühlten Sud darüber gießen und alles abgedeckt einige Tage kühl stellen.

Glasmeister-Heringe schmecken mit Brot oder Kartoffelsalat am besten.

Suppen

Waldpilzsuppe · *Soppa på blandsvamp*

Für 4 Portionen

400 g gemischte Waldpilze, frisch oder aus der Dose

1 Zwiebel

1 Knoblauchzehe

2 El Butter

3 El Mehl

800 ml Gemüsebrühe

100 ml Sahne

2 El Sherry

Salz

Pfeffer

2 El frisch gehackte Petersilie

Zubereitungszeit: ca. 30 Minuten (plus Schmorzeit)

Pro Portion ca. 147 kcal/616 kJ

4 g E · 12 g F · 5 g KH

Die Pilze putzen und klein schneiden. Die Zwiebel und die Knoblauchzehe schälen und fein hacken.

Die Butter in einem Topf erhitzen und die Pilze mit den Zwiebeln und dem Knoblauch darin etwa 5 Minuten schmoren.

Die Pilze mit Mehl bestreuen und mit der Brühe auffüllen. Alles gut verrühren und einige Minuten köcheln, bis die Masse sämig wird.

Die Pilzsuppe mit Sahne, Sherry, Salz und Pfeffer abschmecken. Auf Teller verteilen und mit Petersilie bestreut servieren. Zur Suppe Käsegebäck reichen.

Feine Krebssuppe · *Fin kräftsoppa*

Für 4 Portionen
1 großer Krebs, gekocht
3 El Butter
1 Zwiebel
2 El Mehl
1,15 l Milch
90 ml Sherry
Salz
Pfeffer
Muskat
150 ml Sahne
1/2 Bund frisch gehackter Schnittlauch

Zubereitungszeit: ca. 30 Minuten (plus Schmor- und Garzeit)
Pro Portion ca. 338 kcal/1418 kJ
6 g E · 17 g F · 6 g KH

Den Krebs ausnehmen. Dazu Beine und große Scheren abschneiden, aufbrechen und das Fleisch herauslösen.

Krebsschale umdrehen und die Innereien sowie den Unterleib herausdrücken und entfernen. Das weiße Fleisch auslösen und beiseite stellen. Braunes Krebsfleisch herausschaben.

Die Butter in einem Topf erhitzen. Zwiebel schälen und fein hacken und in der Butter glasig dünsten. Mehl darüber stäuben und mit der Milch und dem Sherry ablöschen. Alles durchrühren und aufkochen, bis die Masse sämig wird.

Braunes Krebsfleisch in die Suppe geben und 20 Minuten köcheln. Mit Salz, Pfeffer und Muskat abschmecken. Weißes Krebsfleisch (auch das der Scheren) zugeben und weitere 5 Minuten köcheln.

Krebssuppe auf Teller verteilen. Sahne steif schlagen und auf jeden Teller eine Sahnehaube setzen. Mit Schnittlauchröllchen garnieren und mit getoasteten Weizenvollkornbrötchen servieren.

Krebssuppe ist der Klassiker unter den schwedischen Suppen!

Gemüsesuppe mit Krabben

Grönsakssoppa med räkor

Für 4 Portionen
200 g Möhren
200 g Kartoffeln
250 g Kohlrabi
150 g Blattspinat
100 g frische Erbsen
1 l Gemüsebrühe
1/2 Bund Petersilie
100 ml Sahne
1 Eigelb

Salz
Pfeffer
150 g küchenfertiges Nordseekrabbenfleisch
Dill zum Garnieren

Zubereitungszeit: ca. 30 Minuten (plus Kochzeit)
Pro Portion ca. 228 kcal/956 kJ
15 g E · 10 g F · 18 g KH

Möhren, Kartoffeln und Kohlrabi putzen, schälen und in Würfel schneiden. Den Spinat verlesen, putzen und gut waschen. Die Erbsen waschen.

Die Brühe in einem Topf erhitzen. Möhren, Kartoffeln, Kohlrabi und Erbsen zugeben und etwa 15 Minuten köcheln. Inzwischen die Petersilie fein hacken.

Den Spinat in die Suppe geben und diese weitere 5 Minuten köcheln. Sahne und Eigelb verquirlen und in die Suppe rühren. Mit Salz und Pfeffer abschmecken.

Zuletzt Petersilie und Krabbenfleisch in die Suppe geben und kurz erwärmen. Mit Dill garniert servieren. Dazu Stangenweißbrot reichen.

Brennnesselsuppe · *Nässelsoppa*

Für 4 Portionen
1 kg junge Brennnesseln
2 El Butter
1 l Hühnerbrühe
3 El Maisstärke
Salz
Pfeffer
4 El Crème fraîche

Zubereitungszeit: ca. 45 Minuten
Pro Portion ca. 152 kcal/638 kJ
14 g E · 3 g F · 16 g KH

Die Brennnesselblätter von den Stängeln zupfen und waschen (nicht abtropfen lassen).

Butter in einem großen Topf erhitzen und die nassen Brennnesseln darin unter Rühren dünsten, bis sie zusammenfallen.

Die Brühe angießen und alles etwa 15 Minuten köcheln, dann pürieren.

Maisstärke in 1 El Wasser anrühren und die kochende Suppe damit binden. Mit Salz und Pfeffer abschmecken. Mit Crème fraîche verfeinern. Dazu getoastete Weizenvollkornbrötchen reichen.

Brennnesselsuppe, Nässelsoppa, ist eine schwedische Frühjahrsspezialität. Aus frisch gepflückten Blättern zubereitet, ist sie reich an Folsäure.

Suppe Saint-Germain

Grön ärtsoppa Saint-Germain

Für 4 Portionen
1 große Zwiebel
3 El Butter
1 l Kalbsfond
300 g frische Erbsen
1 El Mehl
2 El Sherry
1 Eigelb
100 ml Sahne
Salz
Pfeffer
2 Tl frisch geriebener Meerrettich
Käsecroutons zum Bestreuen

Zubereitungszeit: ca. 20 Minuten (plus Schmor- und Garzeit)
Pro Portion ca. 328 kcal/1376 kJ
8 g E · 27 g F · 13 g KH

Die Zwiebel schälen und in kleine Würfel schneiden. 1 El Butter in einem Topf erhitzen und die Zwiebelwürfel darin glasig dünsten. Den Kalbsfond angießen und die Erbsen zugeben. Alles etwa 20 Minuten köcheln, dann die Suppe pürieren.

Restliche Butter in einem Topf erhitzen und das Mehl darin anschwitzen. Unter Rühren die Suppe zugießen und mit Sherry abschmecken.

Eigelb mit der Sahne verrühren und unter kräftigem Rühren in die Suppe geben. Mit Salz und Pfeffer abschmecken und mit frischem Meerrettich und Käsecroûtons servieren.

Gelbe Erbsensuppe mit Schweinefleisch

Gul ärtsoppa med rimmat fläsk

Für 4 Portionen
400 g getrocknete gelbe Erbsen
2 Zwiebeln
1 El Butter
375 g gepökeltes Schweinefleisch
800 ml Fleischbrühe
Salz
Pfeffer
1 Tl Majoran

Zubereitungszeit: ca. 20 Minuten
(plus Einweich- und Kochzeit)
Pro Portion ca. 473 kcal/1985 kJ
46 g E · 11 g F · 45 g KH

Die Erbsen abspülen und über Nacht in reichlich Wasser einweichen. Anschließend Wasser abgießen.

Die Erbsen in etwa 1,5 Liter Wasser zum Kochen bringen, die oben schwimmenden Schalen mehrmals abschöpfen. Etwa 20 Minuten kochen. Beiseite stellen.

Die Zwiebeln schalen und hacken. Butter in einem Topf erhitzen und die Zwiebeln darin anschwitzen. Fleisch hinzufügen, kurz mitschmoren. Dann Erbsen mit Kochwasser und Fleischbrühe dazugießen.

Die Suppe etwa 1 Stunde 10 Minuten kochen. Fleisch aus der Suppe nehmen, in Scheiben oder Würfel schneiden und wieder hineingeben. Suppe mit Salz, Pfeffer und Majoran abschmecken. Dazu braunen Senf reichen und nach Belieben frisches Brot.

Gelbe Erbsensuppe wird traditionelle donnerstags in Schweden gegessen.

Cremige Fischsuppe · *Krämig fisksoppa*

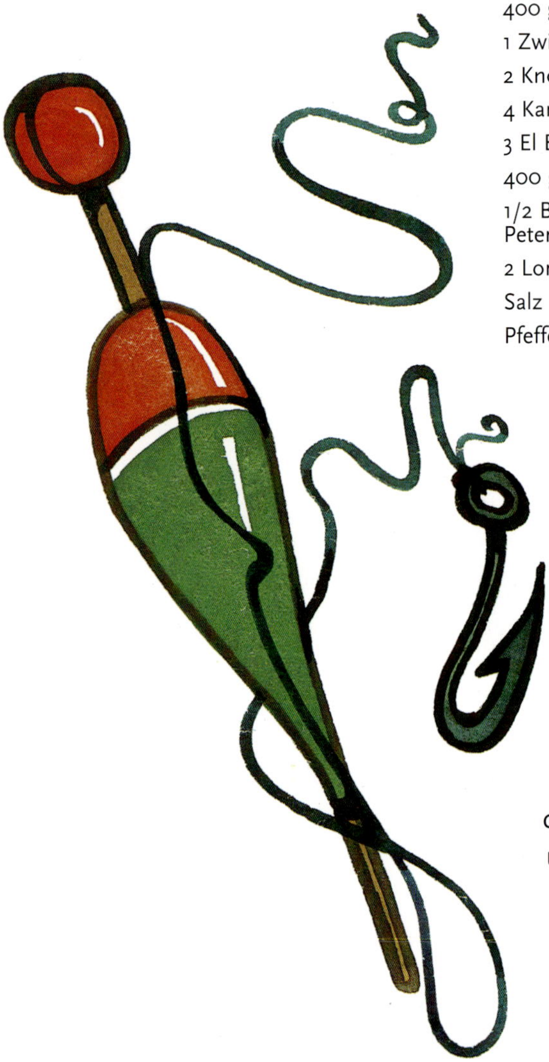

Für 4 Portionen

400 g weiße Fischfilets
1 Zwiebel
2 Knoblauchzehen
4 Kartoffeln
3 El Butter
400 g Tomaten aus der Dose
1/2 Bund frisch gehackte Petersilie
2 Lorbeerblätter
Salz
Pfeffer
1 Prise Cayennepfeffer
500 ml Fischfond
100 ml Sahne
Dill zum Garnieren

Zubereitungszeit: ca. 20 Minuten (plus Gar- und Schmorzeit)

Pro Portion ca. 209 kcal/878 kJ

19 g E · 13 g F · 5 g KH

Fischfilets in kleine Stücke schneiden. Zwiebel und Knoblauch schälen und fein würfeln. Kartoffeln schälen und in dünne Scheiben schneiden.

Butter in einem Topf erhitzen und Zwiebeln mit Knoblauch darin andünsten. Kartoffelscheiben zugeben und kurz anbraten. 100 ml Wasser angießen und alles etwa 10 Minuten köcheln.

Tomaten, Petersilie und Gewürze zugeben und die Fischwürfel hinzufügen. Mit Fischfond aufgießen und alles weitere 8 Minuten garen.

Sahne unter die Suppe rühren, mit Salz und Pfeffer abschmecken. Lorbeerblätter entfernen und die Suppe mit Dill garnieren. Dazu geröstetes Brot reichen.

Muschel-Cremesuppe
Krämig musselsoppa

Für 4 Portionen
1,25 kg Miesmuscheln
1 Bund Suppengrün
1 Knoblauchzehe
1 El Öl
750 ml trockener Weißwein
100 g Räucherspeck
2 Zwiebeln
3 Kartoffeln
1 El Mehl
250 ml Milch
Salz
Pfeffer
250 ml Sahne

Zubereitungszeit: ca. 45 Minuten (plus Schmor- und Kochzeit)
Pro Portion ca. 540 kcal/2268 kJ
41 g E · 29 g F · 26 g KH

Muscheln gut putzen und entbarten, geöffnete Muscheln wegwerfen. Suppengrün putzen und klein schneiden. Knoblauchzehe schälen und grob hacken.

Öl in einem Topf erhitzen, Knoblauch und Gemüse darin anschmoren. Dann den Wein angießen und die Muscheln zugeben. Etwa 15 Minuten kochen.

Die Muscheln aus dem Topf nehmen, Sud aufbewahren. Muschelfleisch über dem Topf aus den Schalen lösen, geschlossene Muscheln entsorgen.

Den Speck würfeln und in einer Pfanne auslassen. Anschließend Speckwürfel aus der Pfanne nehmen. Die Zwiebeln schälen und würfeln, im Speckfett dünsten.

Kartoffeln schälen und würfeln. Zwiebeln mit Mehl bestäuben. Kartoffeln, Milch und Muschelsud zugeben und mit Salz und Pfeffer würzen. Abgedeckt etwa 10 Minuten köcheln.

Anschließend Sahne, Speck und das Muschelfleisch zugeben und noch 3 Minuten köcheln.

Gemüse und Beilagen

Kartoffelklöße schwedische Art

Kroppkakor

Für 4 Portionen
12 mittelgroße Kartoffeln
150 g roher Speck
150 g Räucherspeck
2 Zwiebeln
2 Eier
125 g Mehl
1 Tl Salz
50 g Butter
1/2 Tl Pfeffer
1/2 Bund frisch gehackte Petersilie

Zubereitungszeit: ca. 40 Minuten
(plus Schmor- und Garzeit)
Pro Portion ca. 473 kcal/1985 kJ
24 g E · 20 g F · 48 g KH

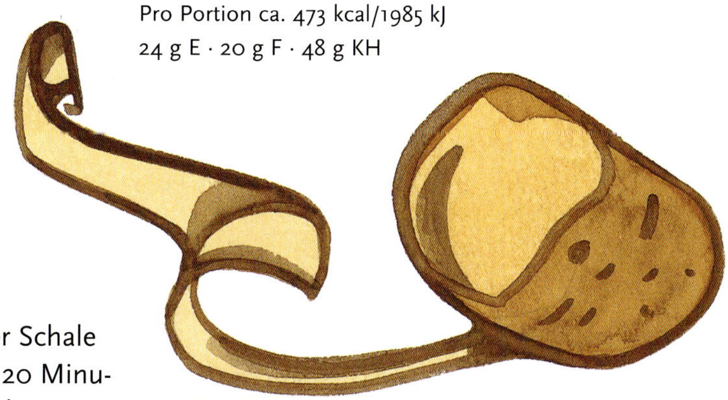

Die Kartoffeln waschen und mit der Schale in wenig gesalzenem Wasser etwa 20 Minuten garen. Abgießen und abkühlen lassen.

Die Specksorten in kleine Würfel schneiden. Die Zwiebeln schälen und fein hacken. Rohen Speck in einer Pfanne auslassen, Räucherspeck und Zwiebeln zugeben und einige Minuten schmoren. Die Masse würzen und abkühlen lassen.

Die abgekühlten Kartoffeln pellen und mit dem Kartoffelstampfer zerdrücken. Eier, Mehl und Salz unter das Kartoffelpüree mischen und alles zu einem festen Teig verarbeiten. Aus dem Kartoffelteig eine Rolle formen und in etwa 12 Stücke teilen. Zu Knödeln formen und in jeden etwas Speckfüllung geben.

Salzwasser zum Kochen bringen. Die Klöße darin etwa 5 Minuten ziehen lassen. Sie sind gar, wenn sie nach oben kommen. Butter zerlassen.

Schwedische Kartoffelklöße mit zerlassener Butter und Petersilie servieren. Sie schmecken als Beilage zu Fleisch und Fisch oder als Hauptmahlzeit.

Kartoffelsalat mit Pilzen
Potatissallad med kantareller

Für 4 Portionen
750 g Kartoffeln
1 Bund Frühlingszwiebeln
250 g frische Pfifferlinge
5 El Öl
Salz
Pfeffer
4 El Weißweinessig
100 ml Gemüsebrühe
1 Prise Zucker
1 Bund Schnittlauch

Zubereitungszeit: ca. 25 Minuten (plus Gar- und Kühlzeit)
Pro Portion ca. 191 kcal/802 kJ
5 g E · 6 g F · 29 g KH

Die Kartoffeln gründlich waschen und mit der Schale in kochendem Wasser etwa 20 Minuten garen. Abgießen und leicht abkühlen lassen.

Die Kartoffeln pellen und in dünne Scheiben schneiden. In eine Schüssel geben. Die Frühlingszwiebeln putzen und in Ringe schneiden. Pilze putzen und große Stücke halbieren.

2 El Öl in einer Pfanne erhitzen und die Frühlingszwiebeln mit den Pilzen darin andünsten. Mit Salz und Pfeffer würzen.

Aus restlichem Öl, Essig, Gemüsebrühe, Salz, Pfeffer und Zucker eine Salatsauce bereiten und über die Kartoffeln gießen.

Zwiebeln und Pilze unter den Kartoffelsalat heben. Schnittlauch in Röllchen schneiden und darüber streuen. Kartoffelsalat vor dem Servieren gut kühlen.

Man isst Kartoffelsalat zu vielen Fleisch- und Fischgerichten und zu gefüllten Eiern. Kartoffelsalat schmeckt aber auch als Hauptmahlzeit mit getoasteten Weizenvollkornbrötchen.

Pilz-Gemüse-Auflauf
Svamp- och grönsakgratin

Für 4 Portionen
250 g Brokkoli
250 g Möhren
2 El Butter
200 g Champignons
2 El Mehl
150 ml Milch
150 ml Sahne
1 Tl Salz
Pfeffer

Fett für die Form
2 El frisch geriebener Parmesan

Zubereitungszeit: ca. 20 Minuten (plus Gar- und Backzeit)
Pro Portion ca. 224 kcal/943 kJ
7 g E · 18 g F · 8 g KH

Den Backofen auf 175 °C (Umluft 155 °C) vorheizen. Brokkoli putzen und in Röschen teilen, Möhren schälen und in Scheiben schneiden. Das Gemüse in wenig Salzwasser bissfest garen. Abgießen und abtropfen lassen.

Die Butter in einer Pfanne erhitzen. Pilze putzen, halbieren und in der Butter schmoren. Die Pilze mit Mehl bestäuben, dann Sahne und Milch zugießen und unter Rühren sämig werden lassen. Mit Salz und Pfeffer abschmecken.

Das Gemüse in eine gefettete Auflaufform geben, die Pilz-Sahne darüber gießen und den Käse darüber streuen. Im Ofen etwa 8 Minuten überbacken. Den Auflauf zu gebratenem Fleisch oder Fisch reichen oder als eigenständige Mahlzeit servieren.

Fächerkartoffeln · *Hasselbackspotatis*

Für 4 Portionen
12 gleich große Kartoffeln
50 g Butter
1 Tl Salz
2 El Paniermehl
30 g frisch geriebener Parmesan

Zubereitungszeit: ca. 20 Minuten (plus Backzeit)
Pro Portion ca. 563 kcal/2363 kJ
15 g E · 14 g F · 90 g KH

Den Backofen auf 240 °C (Umluft 220 °C) vorheizen. Die Kartoffeln schälen, waschen und anschließend fächerförmig einschneiden. Beim Einschneiden darauf achten, dass die entstehenden Kartoffelscheiben nicht ganz abgetrennt werden.

Die Butter in einem Topf schmelzen und die Kartoffeln leicht damit einstreichen. Etwas Butter übrig lassen.

Nun die Kartoffeln mit der aufgeschnittenen Seite nach oben nebeneinander in eine feuerfeste Form legen, mit Salz bestreuen und ca. 30 Minuten im Ofen backen. Ab und zu mit Butter bepinseln.

Nach dem Backen die Kartoffeln mit Paniermehl bestreuen und mit der restlichen Butter beträufeln. Weitere 10 Minuten backen, danach den Käse über die Kartoffeln streuen und noch einmal 5 Minuten backen, bis der Käse geschmolzen und leicht gebräunt ist.

Gefüllte Zwiebeln · *Fylld lök*

Für 4 Portionen
12 große Zwiebeln
2 El Paniermehl
100 ml Sahne
100 g Champignons
150 g Schweinehack
1 Eigelb
Salz
Pfeffer
1/2 Tl edelsüßes Paprikapulver
3 El Butter

Zubereitungszeit: ca. 40 Minuten (plus Gar- und Backzeit)
Pro Portion ca. 210 kcal/885 kJ
10 g E · 17 g F · 5 g KH

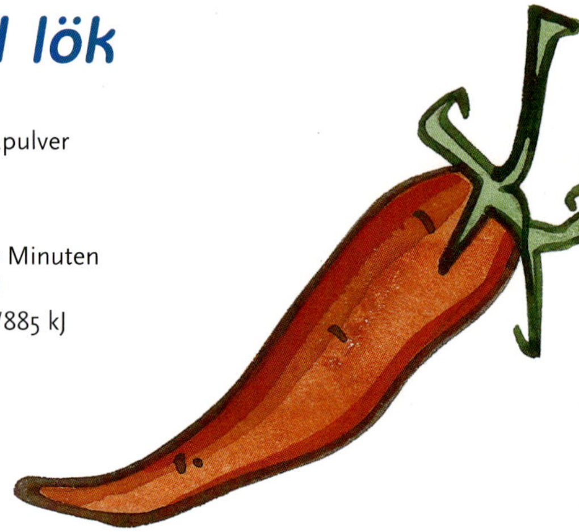

Die Zwiebeln schälen und halbieren. In wenig gesalzenem Wasser etwa 8 Minuten bissfest garen. Aus dem Topf heben und abtropfen lassen, den Zwiebelsud aufbewahren. Zwiebeln mit kaltem Wasser abschrecken, dann die einzelnen Schichten vorsichtig voneinander lösen. Das Zwiebelinnere klein hacken.

Paniermehl mit der Sahne verrühren. Pilze putzen und hacken. Pilze, Hack, Eigelb und gehackte Zwiebeln mit der Sahnemischung verrühren. Mit Salz, Pfeffer und Paprika würzen.

Backofen auf 220 °C (Umluft 200 °C) vorheizen. Auf jede Zwiebelschicht etwas Hackfüllung geben und zusammenrollen.

Eine feuerfeste Form mit der Butter einstreichen und die Zwiebelröllchen hineinlegen. Etwas Zwiebelsud dazugeben und die Röllchen im Ofen etwa 30 Minuten backen, bis sie weich und knusprig sind. Dazu Bratkartoffeln reichen.

Wurzelpüree · *Rotsakspuré*

Für 4 Portionen
500 g Pastinaken
2 Möhren
4 Kartoffeln
50 ml Sahne
Salz
Pfeffer
gemahlene Muskatnuss

Zubereitungszeit: ca. 30 Minuten (plus Garzeit)
Pro Portion ca. 129 kcal/543 kJ
5 g E · 4 g F · 17 g KH

Pastinaken, Möhren und Kartoffeln schälen und in etwa 2 cm große Würfel schneiden.

In einem Topf Salzwasser zum Kochen bringen, die Pastinaken darin etwa 20 Minuten garen.

Möhren und Kartoffeln dazugeben und das Gemüse weitere 20 Minuten garen.

Das Gemüse abgießen, einen Teil des Kochwassers auffangen. Das Gemüse pürieren.

Gemüsebrei mit Sahne verfeinern und mit Salz, Pfeffer und Muskatnuss abschmecken. Das Püree darf nicht zu flüssig sein. Das Wurzelpüree zu deftigem, gebratenem Fleisch servieren.

Janssons Versuchung · *Janssons frestelse*

Für 4 Portionen
8 mittelgroße Kartoffeln
2 Zwiebeln
Fett für die Form
10 Anchovisfilets mit Marinade (aus der Dose)
250 ml Sahne
100 g Paniermehl
2 El Butter

Zubereitungszeit: ca. 20 Minuten (plus Backzeit)
Pro Portion ca. 428 kcal/1796 kJ
8 g E · 27 g F · 37 g KH

Die Kartoffeln schälen und in Stifte schneiden. In eine Schale mit kaltem Wasser legen, um die Stärke herauszuziehen.

Den Backofen auf 220 °C (Umluft 200 °C) vorheizen. Die Zwiebeln schälen und grob hacken. Eine Auflaufform einfetten.

Die Kartoffeln aus der Schüssel nehmen und trockentupfen. Die Anchovisfilets aus der Dose nehmen, abtropfen lassen und je nach Größe halbieren. Anchovismarinade aufbewahren.

Die Hälfte der Kartoffeln in die Form geben. Mit den Zwiebeln bedecken, dann die Anchovisfilets darauf legen. Den Rest der Kartoffeln auf die Anchovisfilets geben.

Den Auflauf mit Anchovismarinade und der Hälfte der Sahne begießen. Dann Paniermehl darüber streuen und Butterflöckchen darauf setzen. Den Auflauf 50–60 Minuten im Ofen backen. Nach der Hälfte der Zeit den Rest der Sahne zugeben.

Fleisch und Geflügel

Gänsebraten · *Stekt gås*

Für 4 Portionen
250 g entsteinte Backpflaumen
1 Gans (ca. 4 kg) mit Innereien
Salz
Pfeffer
750 g Äpfel
1 Tl getrockneter Majoran

Zubereitungszeit: ca. 20 Minuten
(plus Einweich- und Bratzeit)
Pro Portion ca. 768 kcal/3223 kJ
26 g E · 48 g F · 57 g KH

Die Backpflaumen über Nacht einweichen. Die Gans waschen und trockentupfen. Dann innen und außen mit Salz und Pfeffer einreiben.

Die Innereien wie Leber, Magen und Herz in kleine Stücke schneiden (nach Geschmack). Den Backofen auf 180 °C (Umluft 160 °C) vorheizen.

Die Äpfel schälen, vom Kerngehäuse befreien und in Achtel schneiden. Äpfel, Innereien und zerkleinerte Backpflaumen mischen, würzen, Majoran zugeben und in die Gans füllen. Diese anschließend zustecken oder zunähen.

Die Gans im Ofen bei 180 °C etwa 3 Stunden garen. Während der Garzeit die Gans mehrmals wenden und das ausgetretene Fett abschöpfen. Nach und nach etwa 500 ml Wasser zugießen. In der letzten halben Stunde die Temperatur auf 225 °C steigern. Nach der Garzeit die Gans noch etwa 15 Minuten bei geöffneter Tür im Backofen lassen.

Gänsebraten gibt es auch in Schweden am Martinstag, dem 11. November. Dazu werden Rotkohl und Knödel oder Apfelkompott serviert.

Fleischbällchen · *Köttbullar*

Für 4 Portionen

1 Zwiebel

1 El Butter

500 g gemischtes Hackfleisch vom Rind, Schwein und Kalb

1 Ei

250 g Paniermehl

Salz

Pfeffer

250 ml Milch

1/2 Bund Petersilie

30 g Butterschmalz

Zubereitungszeit: ca. 20 Minuten (plus Schmor- und Bratzeit)

Pro Portion ca. 667 kcal/2804 kJ

34 g E · 37 g F · 51 g KH

Die Zwiebel schälen und hacken. Die Butter in einer Pfanne schmelzen und die Zwiebel darin andünsten.

Das Hackfleisch mit dem Ei und dem Paniermehl vermengen, die gedünstete Zwiebel darunter mischen.

Die Hackfleischmasse mit Salz und Pfeffer würzen und zu einem glatten Teig verkneten. So viel Milch zugeben, dass der Teig geschmeidig ist.

Die Petersilie fein hacken und unter den Teig mischen. Aus dem Teig mit angefeuchteten Händen kleine Bällchen formen.

Das Butterschmalz in einer Pfanne erhitzen und die Bällchen darin von allen Seiten braun braten und mit Reis servieren.

Köttbullar gehören neben Weihnachtsschinken, Fleischwurst, Herings- und Eiersalat, Würzbrot, Kartoffeln und Stockfisch zum Weihnachtsbuffet, Julbord, dazu.

Rentierfleisch mit Dillsauce
Kokt renkött med dillsås

Für 4 Portionen
500 g Rentierbraten
1 Bund Suppengemüse
8 Pfefferkörner
1 Bund Dill
1 El Butter
2 El Mehl
500 ml Fleischbrühe
250 ml Sahne
1 El Zitronensaft
Salz
Pfeffer

Zubereitungszeit: ca. 20 Minuten (plus Garzeit)
Pro Portion ca. 398 kcal/1670 kJ
26 g E · 32 g F · 3 g KH

Das Fleisch in einem Topf mit Wasser bedecken. Das Suppengemüse putzen und klein schneiden. Zum Fleisch geben, Pfefferkörner zufügen und alles aufkochen.

Das Fleisch bei schwacher Temperatur etwa 1 Stunde 30 Minuten garen. Entstehenden Schaum abschöpfen.

Den Dill fein hacken. Die Butter in einem Topf zerlassen und das Mehl darin anschwitzen. Fleischbrühe zugeben und unter Rühren andicken. Sahne und Dill zugeben und mit Zitronensaft, Salz und Pfeffer abschmecken.

Das Fleisch aus dem Kochsud nehmen, abtropfen lassen und in Scheiben schneiden. Mit der Dillsauce servieren. Dazu passen Bratkartoffeln.

Rentierburger · *Hamburgare på renfärs*

Für 4 Portionen
400 g Rentierhackfleisch
1 Ei
50 g Paniermehl
Salz
Pfeffer
3 El Butterschmalz
4 Hamburger-Brötchen
4 Salatblätter
2 Tomaten
2 Gewürzgurken
2 El Röstzwiebeln (FP)
2 Tl Senf

Zubereitungszeit: ca. 20 Minuten (plus Schmorzeit)
Pro Portion ca. 353 kcal/1481 kJ
27 g E · 12 g F · 35 g KH

Das Hackfleisch mit Ei, Paniermehl, Salz und Pfeffer mischen und zu einem festen Teig verarbeiten. Aus dem Teig kleine Küchlein formen und sie flach drücken. Das Butterschmalz in einer Pfanne erhitzen und die Rentierfrikadellen von beiden Seiten etwa 8 Minuten braun braten.

Die Hamburger-Brötchen halbieren und in der Pfanne rösten oder toasten. Anschließend die unteren Hälften mit je einem Salatblatt belegen. Die Frikadellen aus der Pfanne nehmen und auf je ein Salatblatt legen.

Die Tomaten in Scheiben, die Gurken in feine Streifen schneiden. Auf den Frikadellen verteilen. Dann Röstzwiebeln darüber streuen.

Obere Brötchenhälflte mit Senf bestreichen und den Rentierburger zusammensetzen. Dazu passt Tomatensalat.

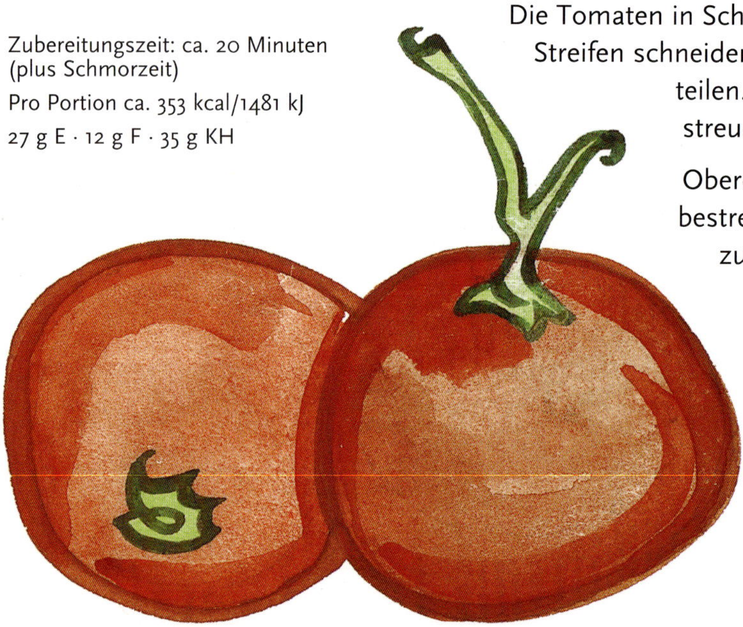

Rentierburger - der amerikanische Einfluss auf die schwedische Küche.

Hackbraten im Mantel
Inbakad köttfärslimpa

Für 4 Portionen
300 g Mehl
225 g Butter
100 g TK-Hühnerleber
400 g gemischtes Hackfleisch
50 g Paniermehl
1 Ei
100 ml Sahne
1 Zwiebel
Salz, Pfeffer
3 El Butterschmalz

Zubereitungszeit: ca. 30 Minuten (plus Kühl-, Schmor- und Backzeit)
Pro Portion ca. 865 kcal/3633 kJ
34 g E · 52 g F · 65 g KH

Aus Mehl, Butter und 3 El kaltem Wasser einen Teig bereiten und etwa eine Stunde kühl stellen. Die Hühnerleber auftauen lassen.

Inzwischen das Hackfleisch mit Paniermehl, Ei, Sahne und 100 ml Wasser mischen. Die Zwiebel schälen, fein hacken und zum Hackfleischteig geben. Mit Salz und Pfeffer würzen.

1 El Butterschmalz erhitzen. Die Hühnerleber in Scheiben schneiden und im heißen Fett etwa 3 Minuten braten. Aus der Pfanne nehmen.

Den Backofen auf 220 °C (Umluft 200 °C) vorheizen. Den Teig zwischen zwei Stücken Klarsichtfolie rechteckig ausrollen. Aus dem Hackfleischteig einen Laib formen, dabei die Hühnerleberscheiben in der Mitte einschließen. Den Fleischlaib auf den Teig setzen.

Mit feuchten Händen den Teig an den Enden hochklappen, dann die seitlichen Teile um den Fleischlaib schließen. Im Ofen auf Backpapier etwa 35 Minuten backen. Mit gemischtem Salat servieren.

Rollbraten mit Meerrettichsauce
Fylld fläskstek med pepparrotssås

Für 4 Portionen
1 kg Schweinerollbraten
Salz
Pfeffer
1 Apfel
1 Zwiebel
3 El Preiselbeeren
4 El Butterschmalz
2 El Honig
300 g Schmand
200 ml Milch
3 Tl geriebener Meerrettich
3 El Preiselbeergelee
Zitronensaft

Zubereitungszeit: ca. 20 Minuten
(plus Schmor- und Garzeit)
Pro Portion ca. 528 kcal/2216 kJ
34 g E · 38 g F · 13 g KH

Das Fleisch mit Salz und Pfeffer einreiben. Apfel und Zwiebel schälen, den Apfel entkernen und in dünne Scheiben bzw. Ringe schneiden.

Die Hälfte der Preiselbeeren auf das Fleisch geben, dann Apfel und Zwiebel darauf verteilen. Den Braten zusammenrollen und mit Küchengarn zubinden. Den Backofen auf 180 °C (Umluft 160 °C) vorheizen.

Das Butterschmalz erhitzen und das Fleisch von allen Seiten gut anbraten. Anschließend im Ofen etwa 1 Stunde 30 Minuten braten. Während des Garens den Braten mit Honig und Bratensaft einstreichen.

Schmand, Milch und Meerrettich mit dem Preiselbeergelee mischen und in einem Topf erwärmen. Die Sauce mit Zitronensaft abschmecken.

Den Braten aus dem Bräter nehmen, in Scheiben schneiden und mit der Sauce servieren. Dazu isst man gefüllte Klöße.

Oscars Kalbsrouladen · *Oscars kalvrulader*

Für 4 Portionen
4 Kalbsrouladen, dünn geschnitten
50 g Champignons
100 g Schweinehack
1 El frisch geriebener Käse
1 Scheibe Weißbrot
1 Ei
1 El frisch gehackte Petersilie
1 Tl Salbei
Salz
Pfeffer
1 große Zwiebel
1 Möhre
2 El Butterschmalz
300 ml Weißwein
2 El Tomatenmark
2 El Maisstärke

Zubereitungszeit: ca. 25 Minuten (plus Schmor- und Garzeit)
Pro Portion ca. 328 kcal/1376 kJ
41 g E · 12 g F · 9 g KH

Die Rouladen dünn klopfen, dann halbieren. Pilze putzen und fein hacken. Mit Hack, Käse, Weißbrotkrümeln und Ei mischen und zu einem glatten Teig kneten. Die Kräuter zugeben und mit Salz und Pfeffer würzen.

Die Füllung auf den Rouladen verteilen, diese zusammenrollen und zubinden oder mit Rouladennadeln feststecken.

Zwiebel und Möhre schälen und in Ringe schneiden. Butter in einem Bräter erhitzen und die Rouladen darin gut anbraten. Zwiebel und Möhren zugeben und kurz mitschmoren.

Wein und Tomatenmark hinzufügen und kurz aufkochen. Abgedeckt etwa 40 Minuten köcheln, nach Bedarf Wasser zugeben.

Die Rouladen aus dem Bräter nehmen und warm stellen. Den Bratenfond abseihen und mit der Maisstärke binden. Kalbsrouladen mit der Sauce servieren. Dazu einen leichten Salat servieren.

Kalbsrouldaden wurden meist samstags für den Sonntag zubereitet, damit nach dem Kirchgang nur noch die Beilagen bereitet werden mussten.

Rentierbraten mit roten Zwiebeln
Renstek med rödlök och lingon

Für 4 Portionen
800 g Rentierrückenfilet
Salz
Pfeffer
2 rote Zwiebeln
150 g Butter
100 g Preiselbeermarmelade
2 El flüssiger Honig
1 El Zitronensaft
1/2 Chilischote

Zubereitungszeit: ca. 15 Minuten
(plus Schmorzeit)
Pro Portion ca. 450 kcal/1890 kJ
43 g E · 29 g F · 4 g KH

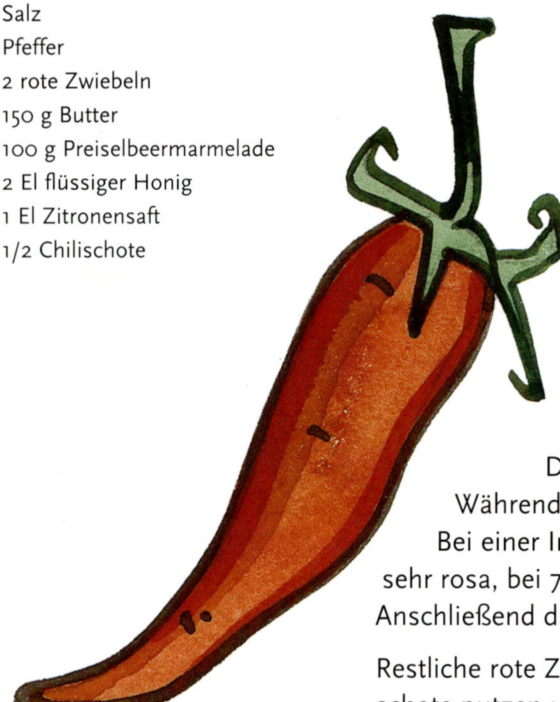

Das Fleisch von Häuten und Sehnen befreien und mit Salz und Pfeffer einreiben. Die Zwiebeln schälen und in Spalten schneiden. Den Backofen auf 160 °C (Umluft 140 °C) vorheizen. 2 El Butter in einem Bräter erhitzen und das Fleisch darin von allen Seiten anbraten. Die Hälfte der Zwiebeln hinzufügen.

Den Braten im Ofen etwa 20 Minuten braten. Während des Garens mit 50 g Butter bestreichen. Bei einer Innentemperatur von 63° C ist das Fleisch sehr rosa, bei 70 °C ist es nur noch leicht rosa. Anschließend das Fleisch warm stellen.

Restliche rote Zwiebeln in 2 El Butter schmoren. Die Chilischote putzen und fein hacken. Mit der Preiselbeermarmelade, dem Zitronensaft und dem Honig mischen und alles zu den Zwiebeln geben.

Das Fleisch in Scheiben schneiden. Mit gefüllten Kartoffelklößen, restlicher geschmolzener Butter und den roten Zwiebeln servieren.

Das Rentier ist eine kleinwüchsige Hirschart. Es hat mageres Fleisch (9 % Fett) und schmeckt nach Wild.

Pytt i Panna mit gekochtem Schinken
Pytt i panna på kokt skinka

Für 4 Portionen
800 g Kartoffeln
2 Zwiebeln
30 g Butter
3 Gewürzgurken
300 g gekochter Schinken
100 g eingelegte Rote Bete
250 g Crème fraîche
2 El frisch gehackte Petersilie
Salz
Pfeffer

Zubereitungszeit: ca. 20 Minuten
(plus Gar- und Bratzeit)

Pro Portion ca. 495 kcal/2079 kJ

22 g E · 29 g F · 36 g KH

Die Kartoffeln waschen und in der Schale etwa 20–25 Minuten garen, abgießen, heiß pellen und abkühlen lassen. Dann die Kartoffeln in Scheiben schneiden.

Die Zwiebeln schälen und in kleine Würfel schneiden. Gewürzgurken und Schinken ebenfalls würfeln.

Die Butter in einer Pfanne erhitzen und die Kartoffelscheiben mit den Zwiebeln und dem Schinken darin knusprig braten.

Rote Bete und Gurken in Scheiben oder Würfel schneiden und unter die Kartoffeln heben.

Crème fraîche unterziehen, kurz erhitzen und das Gericht mit Salz und Pfeffer abschmecken. Mit Petersilie bestreut servieren. Dazu Tomatensalat reichen.

Wildgerichte

Hirschkalbskeule mit Beeren
Hjortkalvstek med bär

Für 4 Portionen
500 ml Rotwein
4 El Rotweinessig
100 g Preiselbeeren
5 Wacholderbeeren
1 Tl Thymian
1,5 kg Hirschkalbskeule ohne Knochen, Knochen klein gehackt
2 Zwiebeln
100 g Sellerie
2 Möhren
Salz
Pfeffer
3 El Butterschmalz
1 Tl Tomatenmark
100 g Crème fraîche

Zubereitungszeit: ca. 30 Minuten (plus Marinier-, Schmor- und Bratzeit)
Pro Portion ca. 358 kcal/1502 kJ
33 g E · 20 g F · 7 g KH

Rotwein, Essig, 200 ml Wasser, Preiselbeeren und Gewürze in einem Topf aufkochen und abkühlen lassen. Das Fleisch von Häuten und Sehnen befreien, mit dem Sud übergießen und 48 Stunden marinieren. Zwiebeln, Sellerie und Möhren schälen und in Würfel schneiden. Fleisch aus der Marinade nehmen und trockentupfen. Marinade durchseihen, mit den Beeren aufbewahren.

Backofen auf 160 °C (Umluft 140 °C) vorheizen. Fleisch mit Salz und Pfeffer einreiben und im heißen Butterschmalz von allen Seiten anbraten. Die grob gehackten Knochen mitrösten.

Gemüse und Tomatenmark zum Fleisch geben und kurz mitschmoren, die Hälfte der Marinade angießen. Die Hirschkalbskeule im Ofen etwa 1 Stunde 30 Minuten garen, ab und zu mit Bratenfond und restlicher Marinade begießen.

Keule aus dem Bräter nehmen und warm stellen. Die gehackten Knochen aus dem Bratenfond nehmen. Fond pürieren, durchseihen und mit Crème fraîche und Preiselbeeren mischen. 10 Minuten köcheln. Zum Fleisch servieren. Dazu geschmortes Rotkraut und Klöße reichen.

Rouladen vom Wildschwein
Vildsvinsrulader

Für 4 Portionen
2 Brötchen vom Vortag
200 ml Milch
4 Wildschweinrouladen (à 200 g), dünn geklopft
2 El Senf
4 Scheiben Bauchspeck
1 Zwiebel
1 Ei
je 1 Bund frisch gehackte Petersilie und Schnittlauch
gemahlene Muskatnuss
Salz
Pfeffer
1 El Preiselbeermarmelade
1 Bund Suppengrün
2 El Butterschmalz
1 Lorbeerblatt
je 1 Rosmarin- und Thymianzweig
je 250 ml Rotwein und Wildfond
100 ml Johannisbeersaft
3 El Maisstärke

Zubereitungszeit: ca. 30 Minuten (plus Schmor- und Garzeit)
Pro Portion ca. 448 kcal/1880 kJ
51 g E · 16 g F · 24 g KH

Die Brötchen in warmer Milch einweichen. Die Rouladen mit Senf bestreichen und mit je einer Speckscheibe belegen.

Die Zwiebel schälen und hacken. Brötchen ausdrücken und mit Zwiebeln, Ei und den gehackten Kräutern mischen. Marmelade unterheben und mit Muskatnuss, Salz und Pfeffer abschmecken. Die Kräutermasse auf den Rouladen verteilen, zusammenrollen und feststecken. Suppengrün putzen und klein schneiden.

Butterschmalz in einer Pfanne erhitzen und die Rouladen darin anbraten. Gemüse hinzufügen und mitschmoren. Lorbeerblatt und Kräuterzweige zugeben und mit Wein und Fond ablöschen.

Rouladen abgedeckt etwa 1 Stunde 20 Minuten schmoren. Dann aus dem Topf nehmen und warm stellen.

Bratenfond durchsieben und etwas einkochen. Den Beerensaft mit der Stärke verrühren und die Sauce damit binden. Mit Paprika-Salat servieren.

Elchbraten mit Pilzen und Äpfeln
Älgstek med svamp och äpplen

Für 4 Portionen
600 g Elchkeule
1 El grob zerstoßene Wacholderbeeren
1 Tl Salz
1 Tl schwarzer Pfeffer
500 g Pfifferlinge
2 Schalotten
3 El Butter
1 El Weizenmehl
300 ml Schlagsahne
300 ml Kalbsfond
2 Äpfel
60 g Maulbeergelee

Zubereitungszeit: ca. 30 Minuten (plus Garzeit)
Pro Portion ca. 563 kcal/2363 kJ
34 g E · 43 g F · 12 g KH

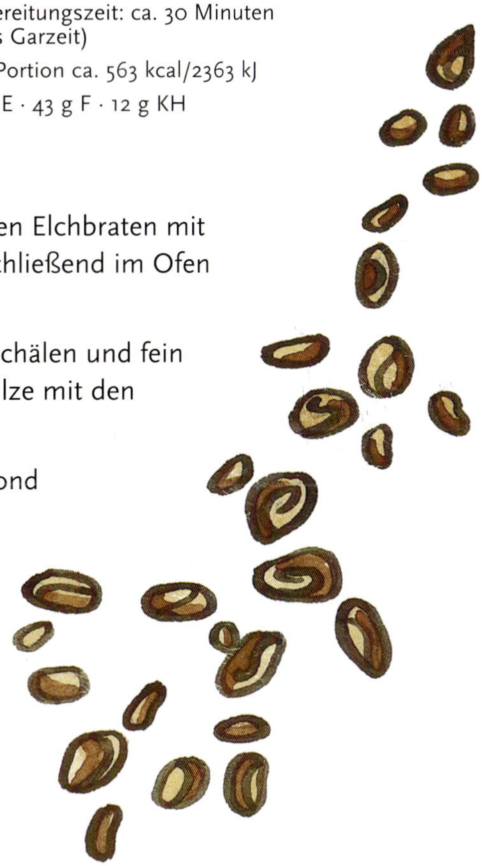

Den Backofen auf 175 °C (Umluft 155 °C) vorheizen. Den Elchbraten mit Wacholderbeeren, Salz und Pfeffer einreiben und anschließend im Ofen bis zu einer Kerntemperatur von max. 60 °C braten.

Die Pfifferlinge putzen und halbieren, die Schalotten schälen und fein hacken. 2 El Butter in einer Pfanne erhitzen und die Pilze mit den Schalotten darin schmoren.

Das Mehl darüber stäuben und mit Sahne und Kalbsfond ablöschen. Das Ganze einmal aufkochen lassen und mit Salz und Pfeffer abschmecken.

Die Äpfel schälen, vierteln und entkernen, dann in der restlichen Butter anschwitzen und das Maulbeergelee dazugeben.

Den Elchbraten in Scheiben schneiden und mit Pfifferlingen und Äpfeln servieren.

Elchgulasch mit Kastanien

Älggulasch med kastanjer

Für 4 Portionen
1 kg Elchfleisch ohne Knochen
2 Zwiebeln
1/2 Bund fein gehackter Thymian
1 El gehackte Rosmarinnadeln
2 El Butterschmalz
1 El Tomatenmark
50 ml Aquavit
400 ml Fleischbrühe
250 ml trockener Rotwein
Salz
Pfeffer
100 g Esskastanien
100 ml Sahne
2 El Maisstärke

Zubereitungszeit: ca. 20 Minuten (plus Garzeit)
Pro Portion ca. 585 kcal/2457 kJ
52 g E · 35 g F · 15 g KH

Das Fleisch in mundgerechte Würfel schneiden und in eine Schüssel geben. Zwiebeln schälen und hacken. Das Fleisch mit den Kräutern einreiben. Den Backofen auf 200 °C (Umluft 180 °C) vorheizen.

Butterschmalz erhitzen und das Fleisch scharf anbraten. Tomatenmark und Zwiebeln zugeben und mitschmoren. Aquavit, Fleischbrühe und Wein angießen. Gulasch abgedeckt etwa 1 Stunde 30 Minuten im Ofen schmoren. Mit Salz und Pfeffer abschmecken.

Kastanien hacken und unter das fertige Gulasch mischen. Sahne mit Maisstärke verrühren und das Gulasch damit sämig binden. Mit gekochten Kartoffeln servieren.

Der Elch ist die größte und schwerste aller Hirscharten. Elchkeule und -rücken haben den klassischen Wildbretgeschmack. Das restliche Fleisch ist zu grobfaserig. Es eignet sich als Suppenfleisch oder zerkleinert als Fleischfüllung.

Fasan mit Schmorkohl

Fasan med stekt kål

Für 4 Portionen

je 4 Fasenanbrüste und -keulen

Salz

Pfeffer

je 5 grob zerstoßene Wacholderbeeren und Pimentkörner

4 El Öl

100 g Bauchspeckwürfel

1 Zwiebel

500 g Weißkohl

200 ml Gemüsebrühe

1 Prise Zucker

1 Prise Kümmel

Zubereitungszeit: ca. 30 Minuten (plus Marinier- und Schmorzeit)

Pro Portion ca. 285 kcal/1197 kJ

39 g E · 11 g F · 7 g KH

Fasanenteile salzen und pfeffern. Gewürzkörner mit Öl mischen. Die Fasanenteile damit einreiben und im Kühlschrank über Nacht marinieren. Dann aus der Marinade nehmen und in einer heißen Pfanne von allen Seiten gut braten. Herausnehmen und warm stellen.

Speck in einem Bräter auslassen. Zwiebel schälen und hacken, im Speckfett andünsten. Kohl vom harten Strunk befreien. Kohlblätter in feine Streifen schneiden und mitschmoren.

Brühe angießen, Zucker und Kümmel zufügen und den Kohl etwa 20 Minuten garen. Fasanenbrüste und -keulen mit dem geschmorten Kohl servieren. Dazu Kartoffelgratin reichen.

Wild-Schmortopf · *Viltgryta*

Für 4 Portionen

je 200 g Hasen-, Wildschwein-, Elch- und Rehfleisch (oder nur eine Sorte, je nach Geschmack)

200 g Möhren

200 g Pastinaken

200 g Pfifferlinge

3 Zwiebeln

2 El Butterschmalz

Salz

Pfeffer

250 ml Wildfond

200 ml trockener Rotwein

1 Tl zerstoßene Wacholderbeeren

2 El Mehl

100 ml Sahne

2 El Holundergelee

Zubereitungszeit: ca. 30 Minuten (plus Schmorzeit)

Pro Portion ca. 340 kcal/1428 kJ

47 g E · 14 g F · 6 g KH

Fleischstücke in mundgerechte Würfel schneiden. Gemüse schälen und klein schneiden. Pilze putzen und halbieren. Zwiebeln schälen und hacken. Schmalz im Bratentopf erhitzen, Fleischstücke hineingeben und scharf anbraten. Mit Salz und Pfeffer würzen. Zwiebeln zugeben und mitschmoren.

Wildfond, Wein, Gemüse und Wacholderbeeren zugeben. Wildtopf etwa 20 Minuten schmoren. Pilze hinzufügen, weitere 10 Minuten schmoren.

Mehl mit der Sahne verrühren und den Wildtopf damit sämig binden. Mit Salz und Pfeffer abschmecken, mit Holundergelee verfeinern und mit Nudeln sevieren.

Hasenrückenfilet mit Pilzsauce

Harsadel med kantarellsås

Für 4 Portionen
1 Tl Wacholderbeeren
4 Hasenrückenfilets
Salz
Pfeffer
2 El Butterschmalz
100 g geräucherter Speck

1 Zwiebel
300 g Pfifferlinge
100 ml Rotwein
250 ml Wildfond
100 ml Sahne
100 g Crème fraîche
Sherry nach Geschmack

Zubereitungszeit: ca. 20 Minuten (plus Brat- und Schmorzeit)
Pro Portion ca. 380 kcal/1596 kJ
41 g E · 22 g F · 3 g KH

Die Wacholderbeeren im Mörser zerstoßen. Die Hasenrückenfilets mit Pfeffer und den Wacholderbeeren einreiben. Das Schmalz in einer Pfanne erhitzen und die Filets darin von beiden Seiten 2 bis 3 Minuten braten. Salzen und aus der Pfanne nehmen. Filets auf einer Platte warm stellen.

Den Speck in kleine Würfel schneiden und in einer Pfanne auslassen. Zwiebel schälen und fein hacken. Die Pilze putzen und in dünne Scheiben schneiden.

Pilze zum Speck geben und 2 Minuten mitschmoren. Wein und Wildfond zugeben und aufkochen. Die Sauce um ein Drittel einkochen.

Sahne und Crème fraîche einrühren und die Steinpilzsauce mit Sherry verfeinern. Die Hasenrückenfilets mit der Sauce überziehen und mit Kartoffeln servieren.

Gefüllte Elchkeule · *Fylld älgstek*

Für 4 Portionen
1 Elchkeule ohne Knochen
Salz
Pfeffer
je 1 Tl getrockneter Thymian und Majoran
200 g Hackfleisch
200 ml Sahne
1 Ei
100 g Paniermehl
1/4 Tl Zitronenpfeffer
1 Msp. gemahlene Muskatnuss
4 El frisch gehackte Petersilie
3 El Butterschmalz
1 Bund Suppengemüse
500 ml Rotwein
250 ml Kalbsfond
1 Lorbeerblatt
5 Pfefferkörner
2 Gewürznelken
4 El Hagebuttenmarmelade
3 El Rotweinessig
Küchengarn

Zubereitungszeit: ca. 40 Minuten (plus Schmor- und Garzeit)
Pro Portion ca. 678 kcal/2846 kJ
60 g E · 36 g F · 26 g KH

Die Keule sollte so vorbereitet sein, dass man sie füllen kann. Innen und außen mit Salz, Pfeffer, Thymian und Majoran einreiben. In einer Schüssel Hackfleisch, 50 ml Sahne, Ei und Paniermehl mischen. Mit Salz, Zitronenpfeffer und Muskatnuss abschmecken. Petersilie unterrühren. Die Füllung auf die Keule geben, zusammenrollen und mit Küchengarn zubinden.

Butterschmalz in einem Bräter erhitzen und die Keule darin von allen Seiten anbraten. Suppengemüse putzen und klein schneiden. Zur Keule geben und mitschmoren.

Wein und Fond angießen. Lorbeerblatt und Gewürzkörner zugeben und im Ofen abgedeckt etwa 1 Stunde garen. Deckel entfernen und weitere 20 Minuten schmoren.

Fleisch aus dem Bräter nehmen und warm stellen. Fond durchsieben und etwas einkochen lassen. Restliche Sahne und Hagebuttenmarmelade zugeben. Mit Essig, Salz und Pfeffer abschmecken. Elchkeule in Scheiben schneiden.

Fisch und Meeresfrüchte

Gekochter Kabeljau · *Kokt kabeljo*

Für 4 Portionen
1/2 Bund Frühlingszwiebeln
200 ml trockener Weißwein
5 weiße Pfefferkörner
1 1/2 Tl Salz
4 Kabeljaufilets (ca. 600 g)
4 Eier
2 El frisch gehackte Petersilie
4 Tl frisch geriebener Meerrettich

Zubereitungszeit: ca. 20 Minuten (plus Garzeit)
Pro Portion ca. 328 kcal/1376 kJ
38 g E · 8 g F · 20 g KH

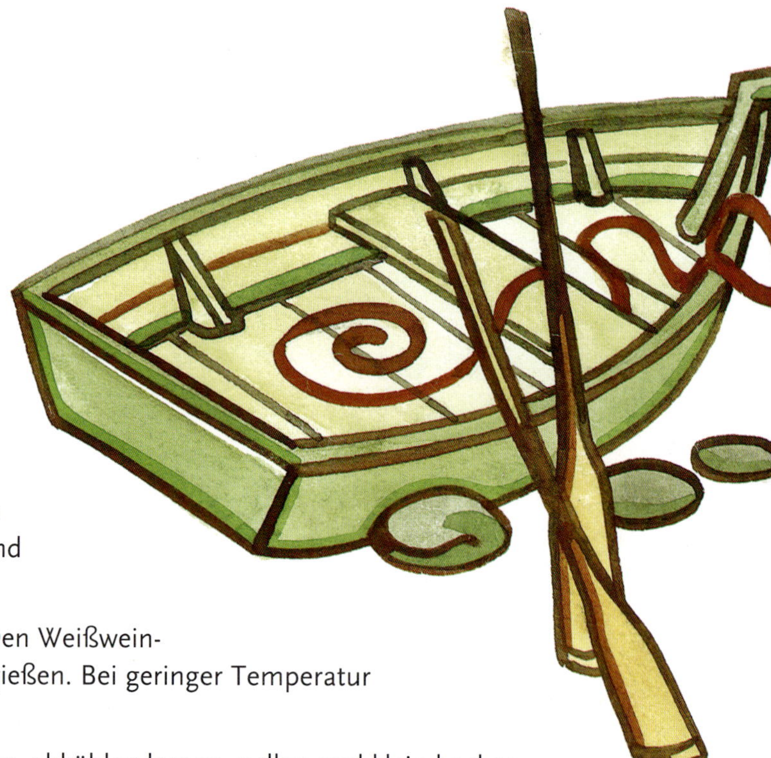

Frühlingszwiebeln putzen, waschen und klein schneiden. Weißwein mit 300 ml Wasser, Frühlingszwiebeln, Pfefferkörnern und Salz in einen Topf geben, aufkochen und etwa 10 Minuten köcheln. Anschließend durchsieben, Sud auffangen.

Fischfilets in einen Topf legen. Den Weißwein-Zwiebel-Sud über den Kabeljau gießen. Bei geringer Temperatur etwa 8 Minuten köcheln lassen.

Die Eier hart kochen. Abschrecken, abkühlen lassen, pellen und klein hacken. Die Fischfilets mit Petersilie, Eiwürfeln und Meerrettich garnieren und mit Salzkartoffeln servieren.

Gebratene Heringe · *Stekt sill*

Für 4 Portionen
8 grüne Heringe, küchenfertig ausgenommen
Saft von 1 Zitrone
8 Thymianzweige
100 g Mehl
Salz
Pfeffer
100 ml Öl

Zubereitungszeit: ca. 15 Minuten (plus Bratzeit)
Pro Portion ca. 485 kcal/2037 kJ
30 g E · 33 g F · 18 g KH

Die Heringe mit Zitronensaft beträufeln. Jedem Hering einen Thymianzweig in die Bauchöffnung stecken.

Den Backofen auf 150 °C (Umluft 130 °C) vorheizen.

Mehl auf einen großen Teller verteilen und mit Salz und Pfeffer mischen. Die Heringe darin mehrfach wenden. Überschüssiges Mehl abschütteln.

Das Öl in einer großen Pfanne erhitzen und die Heringe nacheinander darin von jeder Seite etwa 3 bis 4 Minuten braten. Aus der Pfanne nehmen und warm stellen, bis alle gebraten sind. Mit Kartoffelsalat servieren.

Gebratene Heringe mit Dill-Kartoffeln und Sauerrahm werden beim berühmten Mittsommernachtsfest, Midsommar, gerne – oft schon nachmittags – gegessen.

Gekochte Flusskrebse · *Kokta flodkräftor*

Für 4 Portionen

1 Bund Suppengemüse

1 Bund Dill

Salz

pro Person etwa
12 lebende Flusskrebse

Zubereitungszeit: ca. 30 Minuten
(plus Kochzeit)

Pro Portion ca. 143 kcal/600 kJ

29 g E · 2 g F · 3 g KH

Das Suppengemüse putzen, Möhre und Sellerie schälen und alles in Stücke schneiden. Gemüse mit dem Dill und 3 El Salz in einen großen Topf mit Wasser geben.

Das Wasser im Topf aufkochen. Die Krebse nacheinander mit dem Kopf zuerst in das Wasser geben, aufkochen und abgedeckt etwa 8 Minuten ziehen lassen. Dabei die Herdplatte ausschalten.

Krebse aus dem Topf nehmen, abtropfen und abkühlen lassen.

Um das Krebsfleisch auszulösen, die mittlere Schwanzflosse vorsichtig mit dem Darm nach hinten abziehen. Kopf und Scheren mit einer leichten Drehung abtrennen. Krebs umdrehen und den Schwanz mit den Fingern aufbrechen. Unterleib, Kiemen und Innereien entfernen.

Schwanzfleisch herauslöffeln. Krebsfleisch mit Remoulade und Brot servieren.

Krebse gibt es traditionell im August. Wehmütig nehmen die Schweden Abschied vom kurzen, ausklingenden Sommer. Im ganzen Land finden dann Krebsfeste, Kräftskiva, statt.

Aaltopf · *Kokt ål*

Für 4 Portionen
1 kg Aal
1 Zwiebel
1 Möhre
5 El Essig
1 Lorbeerblatt
Salz
Pfeffer
5 El Senf
6 El Sonnenblumenöl
1 Tl Zitronensaft
2 El Honig

Zubereitungszeit: ca. 25 Minuten (plus Marinier-, Kochzeit und Zeit zum Abkühlen)

Pro Portion ca. 730 kcal/3066 kJ

39 g E · 62 g F · 7 g KH

Den Aal von Haut und Innereien befreien. Gründlich waschen, bis das Wasser klar bleibt. Anschließend den Aal in mundgerechte Stücke schneiden.

Aalstücke in einen ausreichend großen Topf legen und mit Wasser bedecken.

Zwiebel und Möhre schälen, die Zwiebeln in Achtel schneiden, die Möhre in größere Scheiben.

Gemüse mit Essig, Lorbeerblatt, Salz und Pfeffer in den Aaltopf geben und den Aal darin mindestens zwei Stunden marinieren.

Aalstücke im Topf aufkochen, dann den Topf vom Herd nehmen. Vor dem Servieren 20 Minuten stehen lassen. Aus den restlichen Zutaten eine Senfsauce bereiten und zum Aal reichen.

Gefüllter Lachs · *Rökta laxknyten*

Für 4 Portionen

12 Salatblätter, z. B. grüner Salat, Radicchio oder Lollo rosso

150 ml Sahne

1 El Zitronensaft

4 Tl Meerrettich (aus dem Glas)

350 g Krebsfleisch

Salz

Pfeffer

8 Scheiben Räucherlachs

einige Dillzweige

Zubereitungszeit: ca. 20 Minuten

Pro Portion ca. 240 kcal/1009 kJ

25 g E · 15 g F · 3 g KH

Die Salatblätter waschen, gut trockentupfen und auf vier Tellern verteilen.

Die Sahne steif schlagen, mit Zitronensaft abschmecken und mit dem Meerrettich mischen.

Das Krebsfleisch unter die Meerrettichsahne heben und mit Salz und Pfeffer abschmecken.

Die Garnelenmischung auf die Lachsscheiben verteilen, diese zusammenrollen und mit Zahnstochern feststecken. Auf Teller verteilen und mit Dill garnieren.

Garnelen in Dillcreme · *Räkor i dillröra*

Für 4 Portionen
400 g geschälte Garnelen
1 Bund Dill
300 ml Sahne
1 El Zitronensaft
Salz
Pfeffer
2 El Sherry
1 grüner Salat
100 g Kaviar

Zubereitungszeit:
ca. 20 Minuten
(plus Zeit zum
Durchziehen)

Pro Portion ca.
398 kcal/1669 kJ
29 g E · 28 g F · 6 g KH

Die Garnelen waschen, trockentupfen und in eine Schüssel geben. Den Dill fein hacken und zu den Garnelen geben, Sahne und Zitronensaft unterrühren. Die Garnelen abgedeckt im Kühlschrank etwa 3 Stunden durchziehen lassen.

Die Garnelen aus der Flüssigkeit nehmen und pürieren. Garnelenpüree zurück in die Sahne geben, mit Salz, Pfeffer und Sherry abschmecken.

Die Salatblätter auf Teller verteilen. Auf jedes Blatt etwas Garnelencreme geben und mit Kaviar garnieren. Mit Reis servieren.

Terrine mit zweierlei Fisch
Terrin på två sorters fisk

Für 4 Portionen
450 g Lachsfilet
250 g Spargel
400 g Seebarschfilet
1 Ei
300 ml Sahne
Salz
Pfeffer
1 El frisch gehackter Kerbel
3 El frisch gehackter Dill
3 El frisch gehackte Petersilie
200 g saure Sahne
100 g Mayonnaise
2 El Zitronensaft

Zubereitungszeit: ca. 30 Minuten (plus Gar- und Backzeit)
Pro Portion ca. 733 kcal/3076 kJ
47 g E · 58 g F · 7 g KH

Das Lachsfilet in sehr kleine Würfel schneiden. Den Spargel putzen, schälen und in Stücke schneiden. Den Spargel in wenig gesalzenem Wasser etwa 15 Minuten garen.

Das Barschfilet im Mixer zerkleinern. Anschließend mit dem Ei, der Sahne, Salz und Pfeffer verrühren. Den Kerbel, die Lachswürfel und Spargelstücke unter die Masse heben. Den Backofen auf 175 °C (Umluft 155 °C) vorheizen.

Eine Kastenform einfetten und die Fischmasse hineinfüllen. Die Oberfläche mit einem Teigschaber glatt streichen. Die Masse mit Alufolie abdecken, in ein Wasserbad stellen und im Ofen etwa 1 Stunde backen. Nach der Garzeit die Terrine abkühlen lassen. Dann aus der Form stürzen und in Scheiben schneiden.

Für die Sauce die restlichen Zutaten miteinander mischen und dazu reichen. Diese Terrine schmeckt am besten mit Remoulade und Röstkartoffeln.

Lachs mit Dill und Zitrone

Lax med dill och citron

Für 4 Portionen

4 Lachsfilets à 125 g

Salz

Pfeffer

2 Bund Dill

abgeriebene Schale von 1 unbehandelten Zitrone

100 g Paniermehl

400 g Rote Bete

750 g Kartoffeln

300 ml Fischfond

100 g Krabben

20 g Senfkörner

2 El Maisstärke

150 g Butter

Zubereitungszeit: ca. 25 Minuten (plus Gar- und Bratzeit)

Pro Portion ca. 503 kcal/2110 kJ

34 g E · 24 g F · 37 g KH

Die Fischfilets abtupfen und mit Salz und Pfeffer einreiben. Dill fein hacken und mit Zitronenschale und Paniermehl mischen. Die Oberseite der Fischfilets damit einreiben.

Die Rote Bete in Salzwasser mit Schale garen, abkühlen lassen. Kartoffeln schälen und garen.

Für die Sauce Fischfond in einem Topf aufkochen. Die Krabben hacken und mit den Senfkörnern dazugeben. Köcheln, bis die Senfkörner weich sind. Stärke in die Sauce rühren und etwa 100 g Butter unter Rühren hinzufügen. Mit Salz und Pfeffer abschmecken.

Rote Bete schälen und klein schneiden. 2 El Butter in einer Pfanne erhitzen und die Rote Bete kurz anschmoren.

Restliche Butter in einer zweiten Pfanne erhitzen und die Lachsfilets darin braten, die panierte Seite zuerst. Dann wenden und die andere Seite braten.

Lachsfilets mit der Sauce, Roter Bete und Kartoffeln servieren.

Lachsgerichte werden in Schweden Karfreitag besonders gerne gekocht.

Gebackener Hecht · *Ugnsbakad gädda*

Für 4 Portionen
100 g Reis
Salz
1 Salatgurke
2 Eier
1 Zwiebel
1/2 Bund Petersilie
1/2 Bund Schnittlauch
150 g Butter
Pfeffer
3 El Sahne
1 kleiner Hecht, küchenfertig
100 g Paniermehl

Zubereitungszeit: ca. 30 Minuten (plus Koch- und Backzeit)
Pro Portion ca. 558 kcal/2342 kJ
112 g E · 37 g F · 40 g KH

Den Reis in leicht gesalzenem Wasser in etwa 15 Minuten garen. Dann abgießen und beiseite stellen. Die Gurke schälen, die Kerne mit einem Löffel entfernen und das Fruchtfleisch würfeln. Gurkenwürfel in eine Schüssel geben, salzen und Wasser ziehen lassen. Das Wasser anschließend wegschütten. Gurkenwürfel trockentupfen.

Die Eier hart kochen, pellen und hacken. Die Zwiebel schälen und ebenfalls hacken. Die Petersilie und den Schnittlauch waschen, trocknen und hacken.

Etwas Butter in einer Pfanne erhitzen und die Gurken und Zwiebeln darin andünsten. Anschließend mit Eiern, Reis, Petersilie, Schnittlauch und Sahne in einer Schüssel mischen. Mit Salz und Pfeffer abschmecken.

Backofen auf 180 °C (Umluft 160 °C) vorheizen. Den Fisch innen und außen mit Salz einreiben und mit der Reismasse füllen. Mit Zahnstochern verschließen. Restliche Butter in einem Fischbräter auslassen und den Fisch darin von beiden Seiten gut anbraten. Dann mit Paniermehl bestreuen und im Ofen etwa 40 Minuten backen. Den Hecht mit Kartoffelsalat oder knusprigem Brot und Krautsalat servieren.

Muschelsalat · *Musselsallad*

Für 4 Portionen

400 g Jakobsmuscheln, nach Geschmack mit Corail

Salz

Pfeffer

Zitronensaft

250 ml Fischfond

400 g Steinpilze

1/2 Bund Frühlingszwiebeln

3 El Butter

1 El frisch gehackter Dill

1 El Weißwein-Essig

3 El Sonnenblumenöl

1 kleiner Eisbergsalat

1 El Schnittlauchröllchen

Zubereitungszeit: ca. 30 Minuten (plus Schmorzeit)

Pro Portion ca. 209 kcal/878 kJ

13 g E · 14 g F · 9 g KH

Das Muschelfleisch aus den Schalen lösen, Corail vom Fleisch trennen. Das Muschelfleisch und Corail klein schneiden, mit Salz und Pfeffer würzen und mit Zitronensaft beträufeln.

Fischfond in einem Topf aufkochen und Corail und Muschelfleisch darin kurz ziehen lassen. Herausnehmen und abkühlen lassen.

Steinpilze putzen und klein schneiden. Frühlingszwiebeln putzen und in feine Ringe schneiden. Butter in einer Pfanne erhitzen und Pilze mit Zwiebeln darin kurz andünsten. Würzen und den Dill unterheben.

Für das Salatdressing 1 El Weinessig mit Salz und Pfeffer würzen und das Öl langsam darunter mischen. Einige Blätter vom Salat beiseite legen. Den Rest Eisbergsalat in kleine Stücke zupfen. Eine Schüssel mit den Blättern auslegen.

Abwechselnd Muschelfleisch, Corail, Salat und Pilz-Zwiebel-Mischung hineinschichten. Mit dem Dressing überziehen und mit Schnittlauchröllchen garnieren. Dazu Fladenbrot reichen.

Fischauflauf · *Fiskgryta*

Für 4 Portionen
400 g Kartoffeln
200 g Möhren
1 Stange Porree
4 Hechtfilets
Salz
Pfeffer
2 El Öl
1 Bund Dill
100 ml Weißwein
200 g saure Sahne
1 El Tomatenmark

Zubereitungszeit: ca. 30 Minuten (plus Backzeit)
Pro Portion ca. 308 kcal/1291 kJ
33 g E · 9 g F · 20 g KH

Die Kartoffeln schälen und in Scheiben schneiden. Die Möhren schälen und ebenfalls in Scheiben schneiden. Porree putzen und in dünne Ringe schneiden.

Den Backofen auf 175 °C (Umluft 155 °C) vorheizen. Die Fischfilets mit Salz einreiben und in größere Stücke schneiden.

Eine Auflaufform einfetten und abwechselnd Fischstücke, Kartoffeln, Möhren und Porree hineinschichten. 2 El Öl darüber träufeln und den Wein ebenfalls hinzufügen.

Dill hacken. Den Auflauf mit Dill, Salz und Pfeffer bestreuen und im Ofen etwa 35 Minuten backen.

Die saure Sahne mit Tomatenmark mischen und zum Auflauf reichen.

Fischbällchen in Sauce · *Fiskbullar i sås*

Für 4 Portionen
1 altbackenes Brötchen
500 g Fischfilet
1 Zwiebel
je 1/2 Bund Petersilie und Dill
2 Eier
Salz
Pfeffer
1 El Zitronensaft
75 g Paniermehl
Fett zum Braten
300 ml Sahne
1 1/2 Tl Currypulver

Zubereitungszeit: ca. 25 Minuten (plus Bratzeit)
Pro Portion ca. 463 kcal/1943 kJ
31 g F · 27 g F · 24 g KH

Das Brötchen in warmem Wasser einweichen. Das Fischfilet in der Küchenmaschine fein pürieren. Die Zwiebel schälen und fein hacken. Die Kräuter ebenfalls fein hacken.

Das Brötchen gut ausdrücken und in einer Schüssel mit dem Fischpüree, den Zwiebeln, Kräutern und den Eiern vermischen. Mit Salz und Pfeffer abschmecken.

Aus dieser Masse etwa 20 Bällchen formen und mit Zitronensaft beträufeln. Fischbällchen in Paniermehl wälzen. In einer Pfanne das Fett erhitzen und die Fischbällchen darin etwa 4 Minuten braten.

Die Sahne mit Curry, Salz und Pfeffer würzen, kurz in der Pfanne erwärmen und zu den Fischbällchen reichen. Dazu Reis servieren.

Backwaren und Kuchen

Hefeschnecken mit Zimtfüllung
Kanelbullar

Für 15 Stück
75 g Butter
250 ml Milch
25 g Hefe
100 g Zucker
1/2 Tl Salz
1/2 Tl gemahlener Kardamom
500 g Weizenmehl
Füllung:
40 g Butter
1/2 El Zimt
50 g Zucker
1 Ei zum Bestreichen
Zucker zum Bestreuen

Zubereitungszeit: ca. 30 Minuten (plus Zeit zum Gehen und Backen)
Pro Stück ca. 224 kcal/940 kJ
7 g E · 8 g F · 31 g KH

Die Butter schmelzen. Milch hinzufügen und die Mischung leicht erwärmen. Dann die Hefe darin auflösen und Zucker, Salz, Kardamom und fast das ganze Mehl hineinrühren. Den Teig so lange kneten, bis er geschmeidig wird. Eventuell noch Mehl zugeben. Anschließend den Teig abgedeckt 30–40 Minuten gehen lassen.

Den Teig auf einer bemehlten Arbeitsfläche durchkneten und in drei gleich große Teile teilen.

Für die Füllung die Butter schmelzen. Jedes Teigteil zu einem dünnen Rechteck ausrollen und mit Butter bestreichen. Zimt und Zucker mischen und den Teig mit diesem Gemisch dick bestreuen.

Nun den Teig zu einer Wurst rollen, in etwa 4 cm dicke Scheiben schneiden und mit der geschnittenen Seite nach unten auf das Backblech legen. Den Teig erneut aufgehen lassen.

Den Backofen auf 250 °C (Umluft 230 °C) vorheizen. Hefeschnecken mit geschlagenem Ei bepinseln und mit Zucker bestreuen.

Die Zimtschnecken im Backofen auf der mittleren Schiene 5–8 Minuten backen. Abgedeckt abkühlen lassen und zum Kaffee servieren.

Der Zimtschneckentag wird seit 1999 in Schweden am 4. Oktober gefeiert.

Schwedische Mandeltorte · *Mandeltårta*

Für 1 Torte (12 Stücke)
8 Eier
200 g frisch gemahlene Mandeln
470 g Zucker
75 g Mandeln in Blättchen
200 g Butter
40 g Stärke
Puderzucker zum Bestreuen

Zubereitungszeit: ca. 30 Minuten (plus Backzeit)
Pro Stück ca. 284 kcal/1193 kJ
8 g E · 27 g F · 4 g KH

Den Backofen auf 200 °C (Umluft 180 °C) vorheizen. Die Eier trennen. Vier Eiweiß steif schlagen und nach und nach mit 100 g gemahlenen Mandeln und 110 g Zucker vermischen. Eine Springform mit Backpapier auslegen und den Teig hineinfüllen. Den Boden im Ofen etwa 20 Minuten backen.

Aus den restlichen Eiweiß, gemahlenen Mandeln und 110 g Zucker einen zweiten Boden backen. Beide Tortenböden auskühlen lassen. Die Mandelblättchen in einer Pfanne ohne Fett goldgelb rösten

Für die Creme die Butter in einem Topf langsam schmelzen, sie darf dabei nicht zu heiß werden. Restlichen Zucker, Stärke und Eigelb mit der Butter schaumig rühren. Ins Wasserbad stellen und dort mit dem Schneebesen weiter schlagen, bis die Creme beginnt dick zu werden.

Die Buttercreme jeweils auf einen Tortenboden streichen, die Böden zusammensetzen. Restliche Creme auf und um die Torte streichen und mit gerösteten Mandelblättchen belegen. Mit Puderzucker bestreuen. Schlagsahne und Kaffee dazu reichen.

Semlor mit Marzipan
Semlor med mandelmassa

Für 10 Stück
300 ml Milch
50 g Butter
50 g Hefe
1/2 Tl Salz
2 Eier
100 ml Zucker
900 ml Mehl
150 g Marzipanrohmasse
350 ml Sahne
Puderzucker zum Bestreuen

Zubereitungszeit: ca. 30 Minuten (plus Zeit zum Gehen und Backen)
Pro Stück ca. 610 kcal/2562 kJ
16 g E · 23 g F · 83 g KH

Die Milch erwärmen und die Butter in der Milch schmelzen. Die Hefe in 100 ml Milch krümeln, verrühren und Salz zugeben. Die Hefe etwa 10 Minuten abgedeckt stehen lassen.

Restliche Milch, 1 Ei und Zucker hinzufügen und verrühren. Dann so lange Mehl unterrühren, bis der Teig Fäden zieht. Teig etwa 30 Minuten abgedeckt gehen lassen. Danach den Teig erneut gut durchkneten und daraus 10–12 Bällchen formen. Diese Bällchen weitere 30 Minuten gehen lassen.

Inzwischen den Backofen auf 190 °C (Umluft 170 °C) vorheizen. Das zweite Ei verquirlen. Die Bällchen damit bestreichen und 7–10 Minuten backen. Semlor auf einem Gitter gut abkühlen lassen. Nach dem Abkühlen vorsichtig aufschneiden und aushöhlen. Innenteig mit der Marzipanmasse und 100 ml Sahne vermischen und in die Semlor füllen.

Die verbliebene Sahne steif schlagen und zwischen die beiden Bällchenhälften streichen. Semlor mit Puderzucker bestreuen und zum Kaffee reichen.

Zitronenkuchen · *Jämtländsk citronkaka*

Für 1 Kuchen (18 Stücke)

3 Eier

3 El Zucker

250 g Mehl

2 Tl Backpulver

abgeriebene Schale von 1 unbehandelten Zitrone

150 g saure Sahne

150 g Frischkäse

Paniermehl

Zubereitungszeit: ca. 20 Minuten (plus Backzeit)

Pro Stück ca. 103 kcal/436 kJ

4 g E · 5 g F · 11 g KH

Den Backofen auf 180 °C (Umluft 160 °C) vorheizen. Die Eier trennen. Die Eigelb mit dem Zucker schaumig schlagen, das Mehl mit dem Backpulver vermischen, hinzufügen und verrühren. Zitronenschale unterheben.

Die saure Sahne mit dem Frischkäse mischen. Die Eiweiß steif schlagen und zufügen. Die Mischung unter die Mehlmasse heben, nicht rühren.

Eine Kastenform einfetten und mit Paniermehl ausstreuen. Den Teig hineinfüllen und etwa 40 Minuten backen. Die Ofentür während der ersten 20 Minuten nicht öffnen. Den Zitronenkuchen noch warm servieren. Dazu Früchte reichen.

Orangenkuchen · *Eivors apelsinkaka*

Für 1 Kuchen (18 Stücke)
150 g Butter
100 g brauner Zucker
3 Eier
abgeriebene Schale von 2 unbehandelten Zitronen
70 ml frisch gepresster Orangensaft
225 g Mehl
100 g Puderzucker
Lebensmittelfarbe in Orange
Orangenschalenzesten
Fett für die Form
Paniermehl

Zubereitungszeit: ca. 30 Minuten (plus Backzeit)
Pro Stück ca. 111 kcal/467 kJ
2 g E · 3 g F · 17 g KH

Butter und Zucker in einer Schüssel schaumig rühren. Nach und nach die Eier zugeben und alles zu einer cremigen Masse rühren. Den Backofen auf 180 °C (Umluft 160 °C) vorheizen.

Zitronenschale, 50 ml Orangensaft, Mehl und Backpulver vermischen und die Eicreme unterheben. Kastenform einfetten und mit Paniermehl ausstreuen. Den Teig in die Form füllen, glatt streichen und im Ofen etwa 40 Minuten backen. Den Kuchen stürzen und auskühlen lassen.

Aus Puderzucker und restlichem Orangensaft einen Guss rühren, nach Belieben einige Tropfen Öl zufügen, mit Lebensmittelfarbe einfärben und den Kuchen damit glasieren. Mit Orangenschalenzesten dekorieren. Zum Kaffee oder als Dessert mit Früchten servieren.

Knäckebrot · *Knäckebröd*

Für 10 Brote
250 ml Milch
25 g Hefe
1 Tl Salz
1 Tl zerstoßener Fenchel
1/2 Tl gemahlener Kümmel
300 g Weizenmehl
300 g Roggenvollkornmehl
Mehl zum Ausrollen

Zubereitungszeit: ca. 20 Minuten (plus Zeit zum Gehen und Backen)
Pro Stück ca. 243 kcal/1021 kJ
8 g E · 2 g F · 47 g KH

Die Milch erwärmen und die Hefe in 100 ml Milch verrühren. Die Mischung in eine Schüssel geben und etwa 10 Minuten abgedeckt stehen lassen.

Restliche Milch, Salz, Fenchel, Kümmel und die beiden Mehle zugeben. Den Teig kräftig durchkneten, auf eine bemehlte Arbeitsfläche legen, zu einem länglichen Brot rollen und in 10 Teile teilen. Diese zu runden Brötchen formen und 10 Minuten abgedeckt gehen lassen.

Den Backofen auf 200 °C (Umluft 180 °C) vorheizen. Jedes Teigteil zuerst mit einem gewöhnlichem Nudelholz und dann mit einem Nudelholz mit Zacken von beiden Seiten zu Kreisen von etwa 20 cm Durchmesser ausrollen.

Die Brote auf ein gefettetes Backblech geben und 10 Minuten im Ofen knusprig backen. Knäckebrote werden zu Snacks und zwischendurch zum Knabbern gereicht.

Knäckebrot besteht aus Vollkorngetreide. Es zeichnet sich durch enorm lange Haltbarkeit aus. Ein schwedisches Sprichwort sagt: „Das zur Taufe gebackene Brot hält sich bis zur Hochzeit des Kindes."

Desserts

Zimtcreme mit Blaubeeren

Kanelkräm med blåbär

Für 4 Portionen
100 ml Milch
100 ml Sahne
1 Zimtstange
3 Eigelb
2 Tl Speisestärke
100 g Zucker
300 g Blaubeeren
4 El brauner Zucker

Zubereitungszeit: ca. 20 Minuten
(plus Kochzeit und Zeit zum Durchziehen)
Pro Portion ca. 270 kcal/1134 kJ
4 g E · 14 g F · 33 g KH

Die Milch mit der Sahne verrühren, die Zimtstange dazugeben und die Mischung in einem Topf aufkochen. Vom Herd nehmen und stehen lassen, damit der Zimtgeschmack sich entfalten kann.

Die Eigelb, die Speisestärke und den Zucker verrühren und die Mischung in die Milchsahne geben. Das Gemisch unter ständigem Rühren köcheln lassen, bis die Creme dick wird.

Die Blaubeeren putzen, waschen und abtropfen lassen. Dann auf 4 Gläser verteilen. Die Zimtstange aus der Creme entfernen. Zimtcreme auf die Gläser verteilen und abkühlen lassen. Mit braunem Zucker bestreuen und den Zucker im Grill des Ofens oder mit einem Gasbrenner karamellisieren lassen.

Pfannkuchen mit Blaubeeren
Pannkaka med blåbär

Für 4 Portionen
2 Eier
300 ml Milch
100 ml Sahne
100 g Weizenvollkornmehl
1 Prise Salz
200 g Blaubeeren
3 El Öl
4 El Zucker

Zubereitungszeit: ca. 20 Minuten (plus Zeit zum Durchziehen und Backen)
Pro Portion ca. 298 kcal/1250 kJ
10 g E · 17 g F · 26 g KH

Die Eier mit der Milch verrühren, die Sahne zufügen. Mehl und Salz zur Sahnemilch geben und alles zu einem cremigen Teig verrühren. Den Teig etwa 10–15 Minuten ruhen lassen.

Die Blaubeeren verlesen, putzen, waschen und gut abtropfen lassen oder trockentupfen.

In einer gusseisernen Pfanne 1 El Öl erhitzen. Etwas Teig hineingeben und 30 Sekunden backen. Auf den Pfannkuchen einige Blaubeeren geben, im Teig stocken lassen, dann den Pfannkuchen wenden und von der anderen Seite goldbraun backen.

Auf diese Weise nacheinander Blaubeerpfannkuchen backen. Das restliche Öl nach und nach dazugeben. Die Pfannkuchen nach Belieben mit Zucker bestreuen und mit Sahne servieren.

Beerenparfait · *Lingonparfait*

Für 4 Portionen
250 g frische Preiselbeeren
2 Eigelb
50 g Zucker
400 ml Sahne
Minzestreifen zum Garnieren

Zubereitungszeit: ca. 15 Minuten
(plus Zeit zum Gefrieren)
Pro Portion ca. 330 kcal/1386 kJ
4 g E · 26 g F · 19 g KH

Die Beeren verlesen, putzen, waschen und gut trockentupfen. Dann im Mixer oder der Küchenmaschine pürieren. Die Eigelb mit dem Zucker schaumig rühren. Beerenpüree mit dem Eischaum vermischen.

300 ml Sahne in einen Topf geben und aufkochen. Unter kräftigem Rühren mit dem Schneebesen in den Beerenschaum geben. Abkühlen lassen.

Die Mischung in 4 Tassen füllen. Im Gefrierschrank über Nacht fest werden lassen. Die restliche Sahne steif schlagen. Das Parfait mit Sahne und Minze garniert servieren.

Hagebuttenkaltschale · *Kall nyponsoppa*

Für 4 Portionen
250 g getrocknete Hagebutten
60 g Zucker
1 El Maisstärke
1 El Honig
Saft von 1/2 Zitrone
100 ml Sahne
2 Butterkekse

Zubereitungszeit: ca. 20 Minuten (plus Einweich- und Kochzeit)
Pro Portion ca. 147 kcal/618 kJ
2 g E · 1 g F · 32 g KH

Die Hagebutten im Mörser zerstoßen und 3–4 Stunden in kaltem Wasser einweichen. Im Einweichwasser etwa 30 Minuten weich kochen.

Die Hagebuttensuppe durch ein Sieb abgießen, die Flüssigkeit auf 1 1/2 Liter auffüllen. Den Zucker einrühren und aufkochen lassen.

Die Maisstärke in wenig Wasser verrühren und in die kochende Suppe geben. Unter Rühren andicken und abkühlen lassen. Mit Honig und Zitronensaft abschmecken. Die Suppe abgekühlt mit Sahne und halbierten Butterkeksen garnieren.

Rhabarberauflauf mit Streuseln

Smulpaj med rabarber

Für 4 Portionen
120 g Mehl
100 g Zucker
150 g Walnusskerne
100 g Butter
450 g Rhabarber
1 El Maisstärke

Zubereitungszeit: ca. 20 Minuten (plus Backzeit)
Pro Portion ca. 400 kcal/1680 kJ
6 g E · 19 g F · 51 g KH

Rhabarberauflauf oder Rhabarberkuchen bilden traditionell den Abschluss eines reichhaltigen Pfingstmenüs.

Das Mehl mit dem Zucker in einer Schüssel mischen. 50 g Walnusskerne fein mahlen und darunter mischen.

Die Butter nach und nach in die Mischung kneten, bis kleine Streusel entstehen. Den Backofen auf 200 °C (Umluft 180 °C) vorheizen.

Den Rhabarber putzen, die Haut abziehen und den Rhabarber in kleine Stücke schneiden. Die Stücke mit Zucker und Maisstärke mischen.

Eine Auflaufform einfetten. Die Rhabarbermischung hineingeben und die Streusel darauf verteilen.

Den Auflauf im Ofen etwa 30 Minuten backen (mittlere Schiene), bis die Streusel hellbraun geworden sind.

Die restlichen Walnüsse hacken und über den Auflauf streuen. Den Rhabarberauflauf nach Geschmack mit Sahne und Erdbeersauce servieren.

Apfel-Zwieback-Auflauf
Brödpudding med äpple

Für 4 Portionen
12 Zwiebäcke
400 ml Milch
2 Eier
150 g Rosinen
3 Äpfel
3 El brauner Zucker
1/2 Tl gemahlener Zimt
30 g Butter

Zubereitungszeit: ca. 30 Minuten
(plus Einweich- und Backzeit)
Pro Portion ca. 603 kcal/2531 kJ
15 g E · 17 g F · 95 g KH

Die Zwiebäcke diagonal halbieren. Die Milch mit den Eiern verrühren und die Zwiebäcke darin einweichen.

Die Rosinen heiß abspülen und abtropfen lassen. Den Backofen auf 200 °C (Umluft 180 °C) vorheizen.

Die Äpfel schälen, halbieren und vom Kerngehäuse befreien. Äpfel in dünne Scheiben schneiden. Eine Auflaufform einfetten.

Nacheinander eingeweichte Zwiebackstücke, Apfelscheiben und Rosinen einschichten. Die Eiermilch dazugießen. Mit Zucker und Zimt bestreuen.

Die Butter in Flöckchen darüber geben und den Auflauf im Ofen etwa 30 Minuten backen, bis er goldbraun ist. Apfelauflauf noch warm mit Vanillesauce servieren.

Johannisbeerkompott mit Sahne
Röd vinbärskompott med grädde

Für 4 Portionen
600 g rote Johannisbeeren
3 El Maisstärke
150 g Zucker
1/2 Tl gemahlener Zimt
200 ml Sahne
etwas Mark von einer Vanilleschote

Zubereitungszeit: ca. 25 Minuten (plus Garzeit)
Pro Portion ca. 375 kcal/1575 kJ
3 g E · 15 g F · 53 g KH

Die Johannisbeeren, verlesen, putzen und gut waschen. In einem Sieb abtropfen lassen. Einige Johannisbeeren zum Garnieren zurücklassen, die restlichen Beeren in einen Topf geben, etwa 200 ml Wasser zufügen und weich kochen.

Nach etwa 10 Minuten die Maisstärke mit etwas Kochflüssigkeit anrühren und mit 125 g Zucker vermischen. Zu den Beeren geben und unter Rühren aufkochen lassen, bis die Masse andickt.

Den Zimt hinzufügen und das Kompott abkühlen lassen.

Die Sahne 3 Minuten schlagen, sie sollte noch leicht flüssig sein. Dann restlichen Zucker und Vanillemark unterrühren.

Johannisbeerkompott in 4 Schälchen anrichten und mit Sahne und restlichen Johannisbeeren garnieren. Dazu Löffelbiskuits reichen.

Pfirsiche in Honig · *Honungsbakad persika*

Für 4 Portionen
4 große Pfirsiche
4 El Blütenhonig
frisch gepresster Saft von 2 Orangen
50 g Butter
4 El brauner Zucker
4 El gemahlene Nüsse
2 cl Aprikosenlikör

Zubereitungszeit: ca. 20 Minuten (plus Garzeit und Zeit zum Überbacken)
Pro Portion ca. 195 kcal/817 kJ
2 g E · 8 g F · 27 g KH

Die Pfirsiche kurz in einen Topf mit heißem Wasser tauchen, dann die Schale entfernen, die Pfirsiche halbieren und die Kerne entfernen.

Den Honig in einen Topf geben und bei geringer Temperatur schmelzen lassen. Orangensaft und etwa 3 El Wasser zufügen und alles miteinander verrühren.

Die Mischung im Topf aufkochen lassen, dann die Pfirsichhälften in der kochenden Flüssigkeit etwa 5 Minuten köcheln.

Den Backofen auf 200 °C (Umluft 180 °C) vorheizen. Die Pfirsiche aus dem Topf nehmen und in eine gefettete Auflaufform setzen (Öffnung nach oben). Den Zuckersirup über die Pfirsiche gießen.

Die Butter weich werden lassen, dann mit Zucker und gemahlenen Nüssen vermischen. Diese Füllung auf die Pfirsiche verteilen. Im Ofen goldbraun überbacken. Dann Likör darüber träufeln.

Pfirsiche nach Geschmack mit Vanilleeis servieren.

Register